学問は現実にいかに関わるか

三谷太一郎

東京大学出版会

SCHOLARS IN MODERN JAPANESE POLITICS
Taichiro MITANI
University of Tokyo Press, 2013
ISBN978-4-13-003336-7

目次

Ⅲ 学問と価値観

I 学問はなぜ必要か

1　学問とは何か
——二〇一二年東京大学大学院入学式来賓祝辞——

ちょうど一七・一八年前、私は、現職の法学部長・大学院法学政治学研究科長として他ならぬこの壇上に列した者の一人です。

当時は、学部の入学式の他にこのような形での大学院の入学式はなかったのでありまして、それ以後の東京大学における大学院の比重の著しい増大が、こういう盛大な入学式の挙行にも表れていると感じるのであります。

本日から皆さんはそれぞれの専門に分かれて学問の道に進むわけでありますが、その出発に当たって、そもそも学問とは何かという問題について、私の考える所を述べたいと思います。今からちょうど一四〇年前の一八七二年（明治五年）に当時としては画期的な学問論が刊行されました。現在では誰もが知っている、しかし誰もが読んでいるとは限らない、福沢諭吉の『学問のすゝめ』初編であります。これに続いて、全一七編が一八七六年にかけて刊行され、その初編の如きは小学校の教科書にも採用され、総じて当時の日本で広く読まれたことは皆さんもご承知の通りであります。それは学問論でありますが、同時に学問論の形をとった深い人生論であり、時代を超えて訴えかける普遍的意味をもっています。そこで『学問のすゝめ』を手掛かりとして、学問とは何か、さらに学問は人生にどういう意味があるかを考えてみたいと思います。

まず著者福沢諭吉の念頭にあった「学問」の内容にはいくつかの特色があります。第一は「学問」を「働」、とくに「精神の働」、場合によっては「心身の働」としてとらえていることです。学問とは活動である、精神の活動である、場合によっては精神および身体の活動であるという見方であります。その意味は「学問」は決して既成の知識の体系ではない、少なくともそれが「学問」の本質ではない、「学問」の本質は出来上がった知識を単に学ぶことではなく、新しい知識を作り出して行く精神および身体の活動であるということであります。それは福沢諭吉が人生の半分を生きた江戸時代の支配的な「学問」観に対する批判、つまり古代中国の聖人によって作られた知識の体系としての儒教の経典をひたすら学習することが学問の正道であるという「学問」観に対する批判として出てきた「学問」観であります。

このような「学問」観は、言うまでもなく、「学習」と「学問」とを区別します。「学習」は既に知られているもの、既知なるものへの問いから出発し、その答えを求める過程であります。「学習」においては唯一の正しい答えが存在するということが前提されております。これに対して、「学問」は未だ知られていないもの、未知なるものへの問いでありまして、その答えを求める過程が「学問」です。学問においては、唯一の正しい答えが存在するか否かが知られていないのです。

このような未知なるものへの問いとしての学問を進展させ、成果へと導いて行く方法は、どこでどのように習得し、体得して行くのかというのが次の問題であります。要するに学問の実技あるいは学問の実務をいかに習得するかという問題であります。私の考えを端的に言いますと、それは自ら実際に学問活動に携わる以外にはないと思います。つまり学問の実技・実務は学問それ自体を通じてしか習得・体得できないということです。したがってそのためには、どんな形にせよ、まず学問の最前線に直接に参加することが必要であると思います。大学院というのは、なによりも学問を実際に行う、その成果を追求する場所であり、学習の成果を積み立てて学歴を作る場所ではありません。

そのことを私に如実に感じさせたのは、今から四〇年以上前に読んだ、私自身とは全く専門の異なる、ある生化学者の具体的な研究についての回想録、『二重らせん』という題名の回想録であります。これはとくに理系の専門に進まれる方々の中には既にお読みになった方々が少なくないのではないかと思いますが、私は今から四〇年以上前、一九六〇年代末に当時医学系大学院生であった若い研究者に薦められて読みました。これは遺伝の基本物質であるDNAの構造を解明した一人であるジェームズ・ワトソン（James D. Watson）教授が一九五〇年代初頭に二〇歳代前半で成し遂げたDNAについての画期的な研究成果、要するに、DNAの構造は二重らせんの形をとるという研究成果に到達するまでの過程をふり返った回想録であります。実は、私はこの書物によってDNAということばを初めて知りました。今日の日本でDNAということばがこれほどまでに人口に膾炙することになろうとは、当時は全く予想していませんでした。それはともかく、私はこの書物によって改めて「学問」が福沢諭吉のいう「心身の働」であること、したがって「学問」の第一線における「心身の働」を通じてしか「学問」は習得できないものであることを実感させられました。逆に二〇歳代前半の、当時のワトソン教授のような無名の（そしてあえていえば教科書的知識も必ずしも十分ではない）若者でさえ、「学問」の第一線に身を投じ、一つの課題にすべての時間とエネルギーを集中すれば、他人はもちろん本人自身も思いも掛けなかったような偉大な成果を挙げることもありうることを納得しました。皆さんによって今後担われるであろう「青春期の学問」のいかに恐るべきかを痛感したわけであります。これが「後生畏るべし」という『論語』に出てくることばの意味であると私は理解しております。

なお序でに申しますと「学問」にはワトソン教授の『二重らせん』に表現されているような「青春期の学問」もあれば、逆に、それとは対照的な「老年期の学問」もあります。「老年期の学問」はもちろん皆さんの当面の問題ではなく、私のような「後期高齢者」の問題でありますが、三〇年後、四〇年後に皆さんが必ず当面する問題であります。「学問論」が「人生論」でもあるということの意味はそこにも表れています。このことを今から念頭に置いてほしいと思います。

福沢諭吉が『学問のすゝめ』の中で説いている「学問」の内容のもう一つの特色は、人間がそれぞれの社会的役割（「人たる者の職分」）を果たすための「術」、アートとして「学問」をとらえている点であります。したがって「学問」は職業的学者の「学問」に限定されません。福沢は「人間普通日用に近き実学」というものの重要性を強調します。そして「学問」は活用されなければならないと主張します。「活用なき学問は無学に等し」と書いています。つまり福沢にとって「学問」の主体は学者だけでなく、それぞれの社会的役割をもっている人民一般なのです。「学問」においてはプロフェッショナルと同等にアマチュアーが重要であるというのが福沢の見解なのです。学問におけるプロフェッショナルの質を決定するのもアマチュアーの質であります。ともすれば独善的になりやすいプロフェッショナルの偏りを正すのは多分に直感的なアマチュアーの批判であります。プロフェッショナルはアマチュアーとの不断の対話が必要なのです。この点で、学問と政治は同じであります。学問においてプロフェッショナルの質を高めるために、いかにしてアマチュアーの質を高めるか、いいかえれば学問の国民的基盤をいかに強化するかという問題意識は、学問のプロフェッショナルにとって非常に重要だと考えます。

こうして福沢は「学問」を各人がそれぞれの社会的役割を果たすための「術」、アートとしてとらえる一方で、高い水準の「術」、アートはそれを支える高い「志」、思想（「心事」）、モラル（「徳義」）がなければならないことを強調しています。つまり高い水準の「学問」とは、「学問」を担う人間の内面と外面とが共に高い水準にあるものを意味するわけであります。そのような内面と外面とが釣り合った高い水準の「学問」を担う人間に「人望」が集まるということを福沢諭吉は述べています。そして「人望」がなければ人間は十分にそれぞれの社会的役割を果たすことはできない、つまりその「学問」は用をなさないということをいうのであります。「学問」の危機がしばしばそれを担う学者の「人望」の危機という形をとって現れることがあるのは、今日の日本の状況に鑑みても明らかであります。

続いて『学問のすゝめ』において提示されている「学問」の方法の特色について述べたいと思います。福沢がとくに強調したのは、「学問」における「談話」・「演説」の重要性です。「学問の道に於て談話演説の大切なるは既に明白にして今日これを実に行ふ者なきは何ぞや」と慨嘆しています。これは、福沢が学問においてもコミュニケーションの手段として「書きことば」だけでなく、「話しことば」が有用であることを認識していたからであります。「談話」や「演説」は「話しことば」を学問の用具として洗練する機会でもあったわけです。また福沢には「学問」の発展は同等同位の他人との間の「人間交際」の発展に伴うべきものであるという確信があったからであり、それが「談話」や「演説」の学問的重要性に着目させたということができるのではないかと思います。「学問」においては先生はもちろん重要でありますが、それに劣らず友人が重要であります。江戸時代の最盛期を代表する学者である荻生徂徠は、当時、大名諸侯が立派な学者を先生としているにもかかわらず、学問が進歩しないのは友人に乏しいからだということを書いています。これは徂徠が福沢と同じく学問の活動の母胎が「人間交際」であるととらえる学問観を持っていたことを意味するのであり、それから出てきた洞察が見られるわけであります。

以上福沢諭吉の『学問のすゝめ』における学問観を手掛かりとして、「学問」とは何かについてお話しました。最後に学問は個人個人の人生にどのように関わるのかという問題について、私の考えを述べ、結びといたします。いうまでもなく、個人個人の人生はどれ一つとして同じものはありません。それぞれが独自の価値を持つ、かけがえのないものであります。人間の尊厳はそのような個人個人の人生の絶対的価値に根ざしています。それが「人権（ヒューマン・ライツ）」という観念の実体を成していると思います。「学問」は、そのような絶対的価値を持つ個人個人の人生を内面的に結びつける媒介の役割を果たすべきものと考えます。個人個人の人生の絶対的価値を損なうことなく、それら相互の内面的交流を媒介することによって、つまり福沢のいう「人間交際」を促進することによって、「学問」は「人類」という観念を現実に近づけることができるのではないかと思います。よく知られていますように、福沢諭吉が「学問」の目的としたのは、明治初年当時の日本国民一人一人の「独立」(福沢のいう「一身独立」)であり、とくにその精神的独立でありました。そしてそれが当時の日本の課題であった「一国独立」の前提条件であると考えました。「学問」によって根拠づけられた「一身独立」を、明治初年の日本の課題であった「一国独立」を超えて、今やそれ自体運命共同体と化しつゝある人類の連帯にまでもたらすのが『学問のすゝめ』から一四〇年後の今日の「学問」の使命であると考えます。

以上、蕪辞を連ねましたが、これをもって祝辞にかえさせていただきます。ご清聴ありがとうございました。

〈二〇一二年四月一二日〉

2　「職業としての学問」について
――X君への手紙――

先日はお手紙ありがとう。貴君のご卒業後の職業選択について、折角のご相談を受けながら、ご返事が遅れたことをおわびします。貴君のお手紙によれば、貴君は、将来の職業として学問を選択したいという意志をもち、それについて私の意見を求めておられるようです。想えば、私自身――もう五年以上にもなりますが――同じ問題について、迷いもし、考えもしましたので、現在の貴君の期待や不安は、私なりによくわかるような気がします。そこで、今日は現在の私から見た「職業としての学問」――従って視野は自から限定されざるをえませんが――について、私なりの意見を述べてみたいと思います。

先ず、マックス・ウェーバーに倣って、「職業としての学問」のいわば外的条件、すなわち、研究室に残って学問に専心しようとする者が如何なる環境に置かれるかという問題から始めましょう。ご存知のように、わが法学部出身者が「職業としての学問」に将来を委ねようとすると、そのひとのコースは助手あるいは大学院学生から始まるのが普通であります。私自身は、助手のコースをとりましたので、助手としての研究生活がどのようなものであるかを私の体験に引照しながらご紹介してみたいと思います。

先ず、助手に任用されるチャンスの問題ですが、チャンスそのものは、積極的にそれをつかもうと努力するならば、決して少なくはないということです。むろん事情は各専門分野によって若干異なるとは思いますが、大切なことは、各教授から直接に学問的指導を受けるチャンスをつくり出すこと――とくにゼミナールを通して――、いいかえれば、マス・プロ教育の微温水にひたった自己満足から敢然として脱け出ることだと思います。学生諸君の中には、口ではマス・プロ教育を「批判」しながら、実はそれを楽しんでいるようなひとも必ずしも少なくないようです。そのような態度が、自から学問へのチャンスを遠ざけるものであることはいうまでもありません。

次に、助手としての研究生活の長所と短所の問題です。私自身の体験からいえば、その最大の長所は、学問の「生産手段」が比較的充実しているということです。とくに、二十数万冊に及ぶ厖大な法学部蔵書が教授・助教授と大体同じ条件で、フルに活用できること、そして学部図書費が比較的潤沢であることは、何といっても研究生活の最大のビルト・イン・スタビライザーになっています。乏しい研究者の給料が、さらに研究費（とくに図書費）の捻出によって圧迫されているという現況を考えれば、このことが法学部における「職業としての学問」の発展に対してもつ意味は非常に大きいと思います。（因みに、このような意味での「労働者（＝研究者）の生産手段（＝蔵書）からの分離」は、学問の専門分化が進み、その生産性が高まるに従って、不可避になると思います。それは少なくとも学問的底辺をより広くする要因として、歓迎すべきものだと思います。）

しかし、このような「生産手段」の充実と対比して、肝心の「労働力」の「再生産費」そのものが、きわめて不充分であることはいうまでもありません。とくに、貴君のように地方出身者の場合には、そのことは余計痛切に感じられることでしょう。今日金利生活者でもなければ研究者にはなれないという冗談が、半ば冗談としてでなく通用するのは、学問の将来にとって、考えるべきことだと思います。私の考えでは、そうした事態に対して、一方で「労働力」の「再生産費」を拡大すべく努めなければならないことはいうまでもありませんが、他方で前に述べましたように、この際（少なくともこれからの研究者は）「生産手段」からの分離、「生産手段」の公有化を徹底して行うべきだと思います。そのことは単に「労働力」の「再生産費」の維持というネガティヴな目的に奉仕するばかりではなく、よりポジティヴに一国の学問的生産力、ひいては文化的生産力全体の増大を促進する契機にもなるものだと思われるからです。今日の学問の「生産力」は、そのことをまさに要求しているのではないでしょうか。

それはさて置き、「職業としての学問」の外的条件の最大の問題は、やはり研究者のポストの問題（助手の期間満了後のポストの問題）だと思います。ウェーバーが「大学に奉職する者の生涯は、僥倖の跳梁にまかされている。若い学徒が大学に就職する相談にきても、責任をもってすすめることは、まずできない」と述べたのは、この問題についてでありました。現在の私が、この問題について、貴君にお答えできることも、やはりこのウェーバーのことば以上には出ません。おそらく他の経験豊かな先生方とても同じではないかと思います。それに対しては、あるいは貴君は（嘗ての私自身がそうであったように）、こう答えるかも知れません。いや、僕はたとえ大学にポストが得られないようなことがあっても、決して悔いたりはしません、僕はどのような運命にも耐え抜くつもりです、僕は唯僕の「天職」

に生きるのですと。しかし、ウェーバーは、それに対しても次のような冷徹な返事を用意しています。「私の経験では、心を傷つけられることなしに、よくそのような運命に耐えたのは、ごく少数のひとだけであった」。

　たしかにウェーバーのいうように、研究者のキャリアーほど偶然に左右されるものはないでしょう。（さきほど、「助手に任用されるチャンス」といったのは、そのようなニュアンスをこめていったのです。）ウェーバー自身、彼が非常に若くして正教授に任ぜられたのは、全くの偶然のおかげであったといっています。ウェーバーにして然りとすれば、まず大抵の研究者は、このことを否定できない筈です。しかし、それにもかかわらず、私自身は（ウェーバーと共に）、次のことも亦否定できません。それは「私がよく知っている多くの場合には、例外なく、情実をいれず、もっぱら客観的根拠に基づいて、人を選ぼうという善い意志がはたらいていたということ」です。そして、このような善い「意志」が、偶然に左右されながらも、善い結果をもたらす場合が決して少なくはないということです。おそらく、結果的にみれば、不適任者が選ばれる確率は、むしろ小さいといってもよいと思います。

　しかも、このようなポストの問題とは無関係に、「職業としての学問」そのものへの需要は、将来ますます増大していくと考えられます。学問的生産力の増大に伴う専門分化の発展は、そのことを不可避にするものでしょう。もとより、今日このような「時代の宿命」に対しては、否定的見解がないわけではありません。専門分化の発展に伴って、嘗ての輝かしい巨星は、もはやその出現を期待しえず、研究者はますます矮小化していくのではないかといった危惧がしばしば叫ばれる所以です。しかし、私は必ずしもそのような見解に与することはできません。ソ連の物理学者アブラム・ヨッフェはその『回想記』の中で次のようにいっています。「今世紀〔二〇世紀〕の初期の物理学者たちを回想するとき、門弟たちにかこまれた単独の学者たちの姿が目に浮ぶ。その門弟たちは、自分の師匠の着想と方法を発展させ、かれの学派を形づくっていたのである。それに対し、今日ではいろいろな研究方法を用い、さまざまな考え方を持つ学者たちの集団に出あう。かれらの共同の影響の下に若者たちは一人のきまった指導者の継承者という関係なしに成長する」。私は物理学の分野に限られず、広く社会科学の諸分野においても、その専門分化の発展の結果として、このような研究体制が確立する日がくるのではないかと思います。そして、そのような研究体制の下においてこそ、すべての研究者の真の学問的個性が開発されうるのではないかと思うのです。このような意味において、学問の専門分化を促進し、研究体制の「合理化」を推進するためには、何といっても学問人口を増大させることが先決条件でしょう。従って私は今日の研究体制の永続性を前提として、「職業としての学問」の将来について問われる限り、「責任をもってすすめることはまずでき」ませんが、「職業としての学問」そのものへの、現在及び将来における需要を考え、且つ今日の研究体制の可変性を前提とするならば、貴君の意志を大いに鼓舞したいのです。

しかし、いうまでもないことですが、学問人口の増大は、決して研究者のマス化を意味するものではありません。それどころか、学問は精神的貴族主義の土壌にのみ開花するものなのです。すなわち、研究者のノブレス・オブリージュの自覚とそれから生ずる学問的情熱こそが、「職業としての学問」を支える、いわば内的条件なのです。そして、ここにいう学問的情熱とは、あえて狭い専門領域に自己をかける二とに外なりません。それはウェーバーが「ザッヘ（Sache）への情熱」と呼んだ政治的情熱、あるいは芸術的情熱とその本質において同じものだと思います。そして、まさにそれこそが学問におけるアマとプロとを分かつ最大のメルクマールだと思うのです。因みにいえば、学問においてもアマとプロとは相互に越えがたく切断されています。アマは学問の消費者ではありえても、通常学問の生産者ではありえず、仮に学問の生産者でありえたとしても、責任のある生産者ではありえないからです。従って、学生から研究者になるということは、学問の消費者からその責任ある生産者になるということであり、従ってそれはまさにエラン・ヴィタール（生の飛躍）なのです。学生としての秀才が、真にプロダクティヴな研究者になりうるか否かは、多くの不確定要因に依存しているといわなければなりません。

しかも、一旦点火された学問的情熱を長きにわたって燃えさからせていくことは、さらに一層困難なことでしょう。小林秀雄氏は「モオツァルト」論の中で、「天才とは努力し得る才だ」というゲーテのことばを解釈して、「天才は寧ろ努力を発明する」才だとしていますが、学問的情熱とはまさに努力を「発明」して止まないものであり、従ってそれを自然に調達しうるものは、小林氏によれば、まさに「天才」に外ならないことになります。従って、おそらく大抵の研究者は、その学的生涯において、何回となくそれを消し去ろうとする状況に直面しなければならないのではないでしょうか。しかし、学問的情熱はまさに研究者の生命そのものです。それなしには、如何なるアイディアも生み出されはしませんし、又如何なる方法的思考も無力であります。従ってそれは不断に、そしておそらくは研究者の全人間をかけて、再生産されなければならないでしょう。

こうして、「職業としての学問」は、率直にいって、外的にも、内的にも、厳しい条件が課せられています。おそらく、現在の私などには、その「厳しさ」は、まだまだ本来の痛覚を伴っては受けとられえないほどのものだろうと思います。学問に対してディレッタントであることは楽しいことです。しかし、学問に対して責任を負うことは決して楽しいことではありません。学問のために生きる人間は、学問によって傷つけられることを避けることはできないからです。しかし、それにもかかわらず、学問によって傷つけられた者は、まさに学問によって、否学問によってのみ、真にいやされることができます。つまり、学問はそれにたずさわる者を傷つける力と同時にそれをいやす力をもそれ自身のうちにもっているのです。(政治には、そのために生きる者を傷つける力はあっても、いやす力はありません。) それはあたかもワグナーの楽劇「パルジファル」の剣と同じです。「与えられた傷は、ただその傷を与えた武器のみがいやしうる」のです。

3　政治学教育の専門性と一般性
――学問・教育・実務の相互関連について――

概要

はじめに　今なぜ大学院における政治学教育を問うか。

問題の背景的要因

①大学院重点化その他に伴う大学院の大規模化と教育機関化の傾向

②法学教育の専門化構想（いわゆる“Law School”構想）の顕在化

③政治学研究の専門化・遠心化（断片化・粉末化）に対応する政治学教育の再検討の必要

Ⅰ　大学院における政治学教育の目的

①研究者養成

研究活動の特殊性と少数性。これを主要目的とすることは、多数教育の必要に適合的か。

②職業人養成

少数を対象とする研究者教育と多数を対象とする職業教育との区別の必要。職業教育としての政治学教育は、研究者以外のいかなる職業人のための教育を施すべきか。

③市民教育（文化教育）

米国に典型的に見られる政治学教育による市民教育（Bernard Crick が米国に見出した“citizen literature”に依拠する“citizenship training”）あるいは Ortega y Gasset のいう“transmission of culture”。「文化」＝「各時代が有する重要な観念の体系であって、各時代が生きる指針としたもの」

Ⅱ　政治学教育の総合性

①政治判断（Isaiah Berlin のいう“political judgement”）の総合性

②政治学の総合性

「合衆国においては政治学を社会科学から切り離すことはきわめて難しい。」（C. Merriam）「統一社会科学」（unified science of society）の一部門としての政治学。H. Spencer 社会学やその後の社会学を理論的基礎として発展した日本の社会学的政治学（「総合社会科学」としての社会学を母体とする政治学）。マルクス主義理論を「総合社会科学」とする政治学。「純粋政治学」を断念し、政治学の総合性を高めた丸山政治学。

Ⅲ　政治学教育の総合性に見合う教材の開発

政治学を構成する各部分（哲学的部分・歴史的部分・経験科学的部分）の学際的協力の必要（政治学における「自己内対話」の必要）。

研究の発展による政治学の遠心的・外延拡大的傾向に伴う知識の拡散と複雑化に対して、教育面での求心的・内包確立的努力とそれに伴う知識集約の努力の必要。

たとえば現代日本政治の問題を、具体的事例に即して、さまざまの専門分野から理論的・実証的に解明することを試みるケース・スタディ方式の教科書を作ることが望ましい。政治学内部の専門分野を超えた共通の政治学的思考力を錬磨する教材が開発される必要がある。

ケース・スタディ方式の教科書に登場する設問の例：「大蔵省の予算編成権はなぜ確立されたか。」『政治は一寸先は闇である』という政治観はどのような状況から生まれたか。」（いずれも政治史的アプローチも必要かつ可能）

これから話すことは、これまで十分に考えてきたことではなくて、逆にこれまで十分に考えてこなかったこと、いわんや行ってこなかったことである。また自らを省みていうことであって、他を顧みていうことではない。要するに狭い範囲の体験と見聞に基づくものであって、客観的妥当性には乏しいのではないかと思われる。したがってあくまでも一つの問題提起にすぎない。以下、前掲の「概要」に沿って話を進める。

はじめにまず「今なぜ大学院における政治学教育を問うか」という問題の背景として三つの要因がある。一つは国立大学の一部において行われた大学院重点化その他に伴う大学院の大規模化と教育機関化の傾向である。すなわち今日の大学院は、かつての少数の研究者志望の同質的な学生を対象とする「徒弟教育」型から多数のさまざまの志望をもつ相互に異質的な学生を対象とする「学校教育」型へ変貌しつつある。かつての大学院においては、学生は将来の研究者とみなされ、学生もまた研究活動を主とし、

「徒弟教育」も研究の過程に密着して行われる場合が多かったが、今日の大学院においては文字どおりのスクーリングが重視されつつある。そのような傾向は政治学系の大学院（とくに博士前期課程）についても例外ではない。今大学院における政治学教育が問題とされる所以である。

もう一つの要因は、最近の政府による司法制度改革の動きとともに浮上してきた法学教育の専門化構想（いわゆる「ロースクール」Law School、法科大学院構想）である。これは近い将来発足するであろう「司法制度改革審議会」においてその具体案が作成されるのではないかと推測されるが、もしそれが実現の方向に進めば、従来法学教育と密接な関係を保ってきた政治学教育はそのあり方の再検討を迫られるであろう。米国においては南北戦争後一九世紀末にいたって、法学部（Law Faculty）の職業教育機関化（ロースクール化）が進み、それに伴って政治学を少なからぬ比重で包摂していたドイツ的な法学（Jurisprudence）がロースクールにおいて教科目として凋落していった。そして政治学はロースクールにおいては全く教えられなくなった。この点は同時代の英国やドイツの大学とは対照的であった。米国における独立した学問領域としての政治学の勃興は、一つにはロースクールにおける法学の凋落によって残された学問上のギャップを埋めるものであった。日本の大学の法学部は、もちろんドイツの大学の学問的伝統によって支配されていたため、政治学関係の教科目を少なからず配置したが、そのことによって政治学教育は、長く法学教育の補完的役割を果たすに止まった。もし米国においてロースクールが法学教育から政治学教育を排除したような先例が日本においても再現されるならば、政治学教育は法学教育からの独立とその専門化への道を踏み出さざるをえないだろう。

第三の要因は政治学の内部的発展に由来する要因であって、政治学研究の専門化・遠心化（場合によってはその断片化・粉末化）に対応する政治学教育の再検討の必要である。研究の成果は、そのまま教育の内容を構成しない。政治学教育は、政治学を全体としてとらえることを可能にする明確な、組織された、理解の可能な観念を学生が形成できるように導かなければならない。研究のとめどない微分化は、政治学をその固有の総合性において把握させることを目指す教育の要請と必ずしも相容れない。研究の専門化・遠心化に対して、教育については逆にその総合性の促進・求心化を進める必要がある。そこで以下に大学院における政治学教育の目的および内容について考えるところを述べる。

まず大学院における政治学教育の目的についてであるが、この問題を考えるに当たってとくに参照し、示唆を得た文献は、オルテガ・イ・ガセット（José Ortega y Gasset）が一九三〇年に有名な『大衆の反逆』と相前後して出版した『大学の使命』（*Misión de la Universidad*, 英訳 *Mission of the University*）という小冊子である。これはマドリッドの大学学生連盟という団体の依頼によって行った高等教育改革についての講演に基づくものであって、同年に刊行された『大衆の反逆』と密接な内容上の関連をもっている。もちろんオルテガが対象としているのは、一九三〇年当時のヨーロッパ（とくにスペイン）の大学における高等教育であるが、これは今日の日本の大学院にも準用し得るであろう。

オルテガが大学教育を構成している三つの機能としてあげているのが、第一が「文化の伝達」であり、第二が「職業教育」であり、第三が「学問的研究と研究者養成」である。それらはそのまま今日の日本の大学院における政治学教育の目的として掲げることができるであろう。ただしこれらの順序は逆にして、オルテガが第三順位に置いた「研究者養成」から検討していきたい。オルテガが「研究者養成」を第三順位（すなわち三つの機能のうちの最下位）に置いたのにはもちろん理由がある。オルテガはおよそ「制度」は「通常人」の存在を前提とするという基本命題から出発する。そのことはもちろん「大学」についても例外ではない。すなわち「大学」は「通常人」のための高等教育機関である。「通常人」に一つの時代が到達した最高の水準の「文化」を伝達し、「通常人」を「文化を体現した人間」（a cultured person）たらしめることが大学教育の第一の機能であるという見解をオルテガはとる。このような観点から、「研究者養成」を大学教育のなかに位置付けると、それは最下位に位置せざるをえない。オルテガによれば「学問研究は通常人を排除する。」「学者は現代の修道士である。」「現実の学者は、人間としてみると、妄想家であり、奇人であり、場合によっては完全に狂人である。」「真に驚嘆すべきもの、貴重なものは、この非常に不完全な人間が採り出すことに成功するものだ。貴いのは牡蠣ではなくて真珠だ。」「学問の崇高さは学問それ自体に属するのであって、学者に属するのではない。」「学者を理想化し、彼をすべての人間の模範としてもち上げるのは無益である。」結論としては、「いわゆる『研究』によって支配される大学を目指す傾向は悲惨である。それは最も重要な文化に対する関心を排除するにいたっている。」

もちろんオルテガは大学における学問研究の役割を軽視したわけではない。「文化教育」にしても「職業教育」にしても、学問研究から切り離され、その不断の発酵状態と全く接触しなくなるならば、伝統主義という忍びよる麻痺状態にとらえられるであろうとオルテガは洞察した。大学という制度を活性化するのが学問研究であり、学問研究自体は制度化され得ないものだというのがオルテガの見解であった。「大学の中心部の周辺に学問はそのテントを張らねばならぬ。」「認められないのは、大学の中心部とその境界線を囲む研究の領域とを混同することである。」とオルテガは書いている。

もちろんこのようなオルテガの見解を今日の大学院についてそのまま認めることはできない。しかしオルテガが指摘したような研究活動の特殊性と少数性を否定することもまたできない。したがってこれを大学院における政治学教育の主要目的とすることが多数教育の必要に適合的かどうかという問題はある。

大学院における政治学教育の第二の目的は職業人養成である。オルテガは学問研究と職業教育とを区別する必要を説き、「職業教育は今日全く荒れ果てているので、職業教育それ自体に注意を集中するために職業教育と学問研究とを切り離し、学問研究は厳密に必要なその本来の領域のみを確保しなければならない。」と書いている。彼は具体例として歴史家と歴史教育者とを混同してはならないと主張し、大学において歴史教育者たらんとする者に対して、歴史の教育には無関係な、しかし歴史家の研究には必要な技術の断片的学習に時間を費やさせることに意義があるのかとの疑念を呈している。彼によれば、歴史教育者にとって必要なのは、人間の歴史の一般的な基幹部分についての明確な、組織的な、理解し得る観念の形成であって、それを教えるのが歴史教育者の使命であった。

それでは職業教育としての政治学教育は、研究者以外のいかなる職業人のための教育を施すべきか。政治家はいわゆる profession の原型である医師とか弁護士とか裁判官とかと同じ範疇の profession とはいえない。政治家はいわゆるprofessional teachingによって養成されるものではない。これはむしろ第三の文化教育（市民教育）の所産として期待されるものかもしれない。オルテガはそのことを示唆している。もちろん公務員についても政治学教育は職業教育としての意味をもち得る。しかしそれは公務員の養成に必然的な関連性をもっているとはいえない。政治学教育によってのみ養成することのできる職業人は、政治学研究者以外では、政治学教育者（a professor of political science）である。政治学教育者は日本では各方面からの社会的需要（顕在的・潜在的）に比して十分とはいえない。今後大学院の政治学教育は、政治学研究者とは区別される政治学教育者のための職業教育として機能すべきであると考える。それは大学だけでなく、政治社会自体の発展のためにも将来ますます必要になるであろう。

大学院における政治学教育の第三の目的は、すでに言及したオルテガのいう「文化教育」あるいは英国の政治学者バーナード・クリック（Bernard Crick）が『アメリカの政治科学』（*The American Science of Politics*, 1959）において注目した他国に例を見ない米国における職業としての政治学の確立を促進した「市民教育」である。オルテガのいう「文化」とは「各時代が有する重要な観念の体系であって、各時代が生きる指針としたもの」である。職業としての政治（the profession of governing）を担う主体は、「時代の最高水準」に相応する生活を形成し、それを重大な影響力たらしめる力をもっていることが社会にとって第一に重要であるとオルテガは見ている。それは「政治」が「権限の法的行使」以上のものだからである。したがってthe profession of governingを形成していくためには「文化教育」が不可欠であるというのがその結論であった。

彼は『大衆の反逆』のなかで“the barbarism of specialization”を指摘しているが、文化教育はそれに対する対抗措置であった。「新しい野蛮人」としての「大衆的人間」(mass-man)に対立するのが「文化を体現した人間」(cultured person)であり、オルテガが期待した大学の役割は、「文化教育」によって専門化がもたらした「大衆的人間」を否定し、「文化を体現した人間」を作り出すことにあったのである。もしこのようなオルテガの「文化教育」の理念を大学院における政治学教育の目的として受け入れるとするならば、政治学教育は専門性と一般性とが結びついた総合性をもつものとして考えられなくてはならないであろう。

それでは政治学教育の総合性は何に由来するか。第一は政治そのものの総合性であり、第二は政治そのものの総合性に由来する政治学の総合性である。第一について、アイザイア・バーリン(Isaiah Berlin)は“Political Judgement”(in *The Sense of Reality: Studies in Ideas and Their History*, 1996)のなかで、「政治」において要求されるのは分析能力よりも総合能力であり(analysis の能力よりも synthesis の能力であり)、特殊な状況を構成するさまざまの特徴的諸要因の間の相互関連を洞察し、状況がいかに動くか(あるいは動かないか)を予見(ないし予感)する能力である旨を述べている。バーリンによれば、すぐれた政治家(道徳的にすぐれているか否かに関係なく、政治判断にすぐれ、成功を収めた政治家、たとえばビスマルク、タレーラン、フランクリン・ローズヴェルトなど)の能力は、すぐれた小説家の能力と共通するものがあるのであり、トルストイやプルーストなどが持っているような「人生の本質を直接に知ることができる感覚」である。それは純粋に理論的な天才(ニュートンあるいはアインシュタインあるいはラッセルあるいはフロイトさえも）に欠けているものである。それは調教師が動物について持つような、あるいは親が子について持つような、あるいは指揮者がオーケストラについて持つような知識（化学者が試験管の中身について、あるいは数学者が記号の従う法則について持つような知識とは対照的な知識）を求めることができる能力である。政治がそのような総合性をもつ能力を要求する以上、政治学教育もまたそれに対応する総合性をもつものにならなければならない。

政治学教育の総合性の所以の第二は、政治そのものの総合性に由来しながら、それとは区別される政治学の総合性である。このことは、既成の政治学の革新を求める批判が政治学の総合性を高める方向において行われてきたことからも明らかであろう。一九二〇年代および三〇年代の米国において、政治学の「科学」化を求めて台頭したチャールズ・メリアム（Charles E. Merriam）を中心とする「シカゴ学派」は、「制度的叙述」にもっぱら関心を限定する従来の伝統的政治学に反逆し、「科学的方法」による「政治過程」の全体的把握を目指した。バーナード・クリックが前掲の『アメリカの政治科学』で注目しているように、メリアム自身一九二三年当時、アメリカ政治学の方法の四つの発展段階を指摘し、第一の一八五〇年頃までの「演繹的方法」の段階、第二の一九〇〇年頃までの「歴史的および比較的方法」の段階、第三の「観察、調査、および測定」の段階、そして第四の「心理学的」方法の段階を挙げている。これは政治学の「科学」化が総合化を促進することを目指すものであることを示唆したものと見ることができる。メリアムやメリアムが方向づけた政治学の「科学」化を精神分析や精神病理学の次元にまで深めようとしたハロルド・ラスウェル（Harold D. Lasswell）らは、政治学を「統一社会科学」（unified science of society）の一部門として位置付けた。その際「統一社会科学」に相当するものとして考えられたのが「行動諸科学」（Behavioural Sciences）であった。米国の歴史家リチャード・ホフシュタッター（Richard Hofstadter）が著書『アメリカ思想における社会進化論』（*Social Darwinism in American Thought*, 1944）において描いているように一九世紀末から二〇世紀初頭にかけて全米の知識人や産業人を席巻したハーバート・スペンサー（Herbert Spencer）の社会進化論とそれに基づく社会学は、政治学における「科学」化による総合化を促進した「統一社会科学」の先駆であり、また原型でもあったといえるであろう。

なおクリックは『アメリカの政治科学』において、当時のアメリカ政治学の主流であったメリアムやラスウェルらの「科学学派」の政治学を批判し、「政治の科学という観念は、深くアメリカ的となった観念であると同時に、しかしアメリカの政治的経験および表現におけるほとんどすべての最良のものと深く異和的な観念である。」（Ibid., pp. 233–234）と断ずるとともに、「政治の科学という観念が……歴史と哲学とを軽んずることによってアメリカ自由民主政の根源、すなわち単なる権力に対抗する良心のプロテスタンティズム〔異議申し立ての精神〕との関係を失うならば、それはアメリカ自由民主政の戯画として理解されるべきである。」（Ibid., p. 227）というこの上なく辛辣な苦言を投げかけている。クリックはアレクシス・ド・トクヴィル（Alexis de Tocqueville）が『アメリカにおける民主制』において「政治理論の諸条件および歴史的傾向の分析」（とくに「平等としての民主主義と権利の条件としての自由」との区別）によって示した「政治の哲学的次元に対する必要」を強調し、トクヴィルの民主制理論との提携こそが依然としてアメリカの政治理論家たちの最も明白な任務であると主張している。これはアメリカ政治学がその「科学」化によって政治学本来の総合性を制約する危険を指摘し、政治学における歴史的次元および哲学的次元を含めた総合性を高める必要を説いたものといえよう。

日本においても二〇世紀初頭から本格的な発展を遂げた政治学は、一方で国法学や公法学、さらに経済学や財政学を含んだ国家についての総合的な知識の体系としての「国家学」から分離独立するとともに、他方で「国家学」に代わる新しい総合的な、そしてより「科学」的な知識の体系の中に自らを位置付けることとなった。それが米国と同様に日本でも明治前半期に大学を中心に広く受けいれられたスペンサー社会学やその後の社会学を理論的基礎として発展した社会学的政治学である。それは一九二〇年代の大山郁夫や長谷川如是閑らによって担われた日本における「科学としての政治学」といわれたものである（本書Ⅱ-6およびⅡ-7を参照）。日本においては政治学の固有の総合性を反映し、さらにそれを根拠付け、保証する「統一社会科学」に相当する最初の役割を果たしたのは「国家学」であり、その役割を「国家学」から継承したのが「社会学」であったと見るべきであろう。大山や長谷川と同時代の吉野作造の政治学は、「国家学」から出発しながら、その独自のキリスト教的世界観（「自由神学」）とそれによって基礎付けられた歴史学によって、「国家学」的政治学の総合性を超える総合性をもちえたといってよい。

こうして「国家学」ついで「社会学」によって担われた「統一社会科学」の役割は、一九二〇年代末から三〇年代にかけて台頭したマルクス主義理論によって取って代わられる。かつての社会学的政治学を担った大山や長谷川がこの時期にマルクス主義理論に接近したのは、そのことを象徴する事実であろう。しかしマルクス主義理論における社会科学の範型は経済学であり、政治学にはその派生的ないし副次的価値以上のものは認められず、さらに現実の政治権力やその対抗勢力から独立した学問としての発展の可能性は本来的に限られていた。いいかえればマルクス主義理論においては政治は主として革命目的あるいは革命政権成立後の国家目的に奉仕する手段としての実際的な効用において価値を有するのであり、革命目的や国家目的を超える目的をもっていなかったのである。マルクス主義の政治学が結果としてマキアヴェッリの政治学（本書II-9を参照）を超えず、またその国際政治の論理がパワー・ポリティックスの論理を超えることができなかった所以はそこにある。

これまで日本において政治学の総合性を最も高い次元において体現したのは、丸山眞男の政治学であった。丸山は一度は「純粋政治学」の可能性を追求する理論的作業を試みながら、結局政治学の本質をその総合性においてとらえる立場から、「純粋政治学」を断念し、政治学の総合性を高めることにその学問的努力を傾注した（本書II-2およびII-5を参照）。もちろん丸山は日本政治思想史を本来の領域とする歴史家であるが、丸山の学問はそれだけでは説明できない。それは日本政治思想史を重要な一部とする高度の総合性を有する「丸山政治学」以外ではない。「丸山政治学」の最大の特質は、政治学の主要部分である哲学的部分、歴史的部分、および経験科学的部分のいずれをも備え、それぞれを高度に自律的に発展させながら、しかもそれらが密接不可分の関係において全体を成している点にある。このような丸山政治学の高度の総合性が学問・教育・実務のいずれに対しても大きな影響力を及ぼした所以であるといえよう。日本の政治学は未だこれを超える総合性を達成していない。

以上に述べたような政治および政治学の総合性に由来する政治学教育の総合性を重視する立場から、それに見合う教材が開発されることが望ましい。そのためには政治学を構成する各部分(哲学的部分・歴史的部分・経験科学的部分)の学際的協力が必要である。いいかえれば政治学における「自己内対話」が必要である。そしてそれを通して、研究の発展による政治学の遠心的・外延拡大的傾向に伴う知識の拡散と複雑化に対して、教育面では求心的・内包確立的努力とそれに伴う知識集約の努力がなされなくてはならない。たとえば現代日本政治の問題を、具体的事例に即して、さまざまの専門分野から理論的・実証的に解明することを試みるケース・スタディ方式の教科書を作ることが望ましい。それは政治学内部の専門分野を超えた共通の政治学的思考力を錬磨する教材となるべきものである。さらにそれは政治学教育を通しての市民教育の必要に応える所以でもある。米国において職業としての政治から区別される職業としての政治学が確立されるのは、そして政治学教育が職業教育となりえたのは、政治学教育者の育成によって共和国を支える市民の教育(citizenship の確立)に貢献しえたからであった。“political literature”は、クリックが指摘したように、米国においては“citizen literature”であった。日本においても政治学教育が職業教育となりうるためには、それが市民教育と結びつかなければならない。そしてそのためには“citizen literature”としての“political literature”が不可欠であるが、日本の現状は決して満足すべきものではない。そのような現状を改善することが政治学のさまざまの専門の研究者・教育者を集めた職能集団(各大学の政治学科ないしそれに相当する集団、あるいは日本政治学会のような研究者の全国組織）の任務であろう。

政治学教育は単なる専門性、または単なる一般性をもつものではない。専門性を媒介とする一般性、または一般性を媒介とする専門性をもつのであって、それが政治学教育の総合性である。したがって大学院における政治学教育はスペシャリストというよりも、むしろジェネラリスト、すなわちオルテガが排撃したような「一つのことに知識があり、他のすべてのことには基本的に無知である人間」、要するに専門化された「大衆的人間」を逆モデルとし、丸山眞男がジョン・スチュアート・ミル（John Stuart Mill）のことばを引いて政治学に携わる者のモデルとして提示した「あらゆることについて何事かを知り、何事かについてあらゆることを知る人間」の養成を目指すべきであろう。

4　学者はナショナリズムの防波堤たれ

——国家を超える「学問共同体」の役割——

——歴史は国家の価値観やアイデンティティから自由でありうるでしょうか。

三谷太一郎　歴史と国家を支える価値観とは無関係ではありえないし、完全に自由ではありえません。ランケやトライチュケの歴史学がプロイセン国家やそれを中心とするドイツ帝国と深い内面的関係をもっていたように、近代国家の成立は歴史の成立と不可分で、歴史の成立は国家の成立の一部とさえ言える。近代国家において歴史は、事実としてナショナリズムの精神的な推進力になってきたと言えるでしょう。

国家は、歴史なくしては存続しえない。日本では明治国家、昭和戦前国家、昭和戦後国家は、いずれもそれぞれを理由づける特有の歴史を持っていると言えます。現実には、国家と不可分の歴史は、相互に競合する複数の歴史から成っている。特定単数の歴史ではなく、複数の歴史が競合することによってのみ、歴史は国家的価値から自由でありうる。ただ、複数の歴史といっても、学問的な検証を経た史実によって裏付けられなければならないのはもちろんです。

——歴史認識がしばしば国際問題や政治問題になりますが、それはいつ、どのようにして問題化するのでしょうか。

三谷　歴史認識問題が国際問題化、政治問題化するのは、現代的特徴と言えると思います。これが先駆的に表れたのはヨーロッパです。第一次大戦後、一九二〇年代にドイツとフランスの間で、それぞれの歴史教科書に表れた歴史認識が国際問題となった。

近藤孝弘・名古屋大学准教授の『国際歴史教科書対話』（中公新書）や『ドイツ現代史と国際教科書改善』（名古屋大学出版会）などから教えられるところが多かったのですが、独仏間の歴史認識をめぐる問題は、第二次大戦後も一九五〇年代以降、懸案として取り上げられ、ヨーロッパ統合の進展とともに新たな展開を見せています。

それについで、（西）ドイツとポーランドの間の問題がある。六〇年代末以降、両国間で歴史教科書の改訂作業が進んだ。両国の対話が急速に進んだのは、ドイツ社会民主党（ＳＰＤ）が西ドイツの政権に加わったことが大きな契機になっています。同党の党首ブラントが、ソ連も含めた東方に対する新しい政策を打ち出し、冷戦下の緊張緩和を積極的に推進しました。歴史認識の国際問題化は、冷戦の終焉《しゅうえん》、少なくともその兆候が顕在化したことが始点になったと言えるのではないでしょうか。

冷戦期においては、当然問題になるような国際的諸問題が、冷戦戦略上の考慮から、いわば凍結されてきました。それが冷戦の終焉によって、被支配民族の側からかつての支配民族の側の歴史認識を問うという形で〝解凍〟され、国際問題化されてきた。

そして冷戦の終焉が大きな転機になったのは、ヨーロッパよりもむしろ東アジアです。かつては東側の諸国・諸民族と西側の諸国・諸民族との間で閉ざされていたコミュニケーションの回路が開かれ、それにともなって歴史認識をめぐる問題が浮上してきた。そのことは東側と西側、それぞれの内側についても言えます。日韓について言うと、日韓両国は冷戦期には同じ西側陣営に属していると分類されてきた。そのため、歴史認識問題はむしろ凍結されてきた。これは、韓国側も明確に認めていることです。それが冷戦後、新しい国際問題として噴出してきたと理解すべきだと思う。

それだけではなく、同じ国家の中でも先住民と後住民の間の問題として、歴史認識の問題が出てきた。先住民が後住民に対して歴史認識を問うという形です。

二〇〇〇年に行われたシドニーオリンピックの開会式をテレビで見て、象徴的だと思ったことがあります。オーストラリアの少数先住民族アボリジニーは、イギリス系後住民との間で対立・摩擦を生じて、圧迫を受けていたが、そのアボリジニー出身で四〇〇メートル走の金メダリストの女性が、最終聖火ランナーに起用されて、クローズアップされた。先住民と後住民の対立関係を和らげるという、高度の政治的意味があると感じました。これも冷戦後の現象です。

歴史認識の様々なレベル

——そもそも、歴史認識とは何なのでしょうか。

三谷　私が日本側座長を務めた「日韓歴史共同研究委員会」は二〇〇二年五月に発足し、二〇〇五年六月に最終報告書を提出して終わりましたが、その経験から考えてみたい。

歴史認識には様々なレヴェルがあり、論ずるときには、レヴェルを分けて考える必要があります。

第一に、何が問題なのかという、WHATのレヴェル。このレヴェルでの歴史認識の共通点がなければ、歴史共同研究そのものが成り立たない。この点の問題意識は日韓の研究者間で共有されていたと思います。ただ、様々な問題の間の重要度の違いについては、完全に一致していたとは言えないでしょう。

第二に、事実認識のレヴェル。つまり、ある問題はWHO（だれを通して）、WHEN（いつ）、HOW（いかにして）生じたか。事実関係についての認識です。このレヴェルの歴史認識も、日韓で大きなギャップはなかったと思われます。ただし、双方の認識を深める必要はあるわけで、日韓共同の史料調査や史料編纂《へんさん》が将来の課題として残されている。

最も重要なのは、第三のレヴェルの歴史認識です。ある問題がなぜ（WHY）生じたのかを問う歴史認識。日韓の間で一番不一致が大きかったのがこのレヴェルです。たとえば、日本の植民地統治の下で事実としては高度の経済発展があり、解放後の経済発展の基礎になっている、ということは韓国側も事実として認めている。そういう植民地統治下の経済成長を「植民地近代化」と言いますが、では、なぜそれが生じたのかという問題では日韓が一致しない。大きく言えば、韓国はなぜ植民地になったのか、という点についてては一致しない。

この最も学問的な歴史認識において、最も大きなギャップがあったと思われます。そしてそのことが、歴史上の事実関係をどう意味づけるのかに関する見解の相違を生み出している。

ただ、この第三のレヴェルの歴史認識が不一致であることは、それほど憂うべきだとは思いません。ある意味では当然だし、健全であるとさえ言えるのではないか。そういう学問的な歴史認識の不一致を国際問題化、政治問題化しないことが研究者には求められており、日韓歴史共同研究の意義は、そこにあるのではないかと感じました。

「学問共同体」確立の必要性

――歴史認識をめぐるヨーロッパでの試みと比べた場合、東アジア特有の困難は何でしょうか。日韓歴史共同研究委員会の経験から引き出せるものは。

三谷　ヨーロッパの場合は冷戦前から、とくにドイツとフランスについては第一次大戦の戦後期にさかのぼる歴史を持っています。ナショナリズムを相互に抑制しなければならないということが自覚されている。

ところが、東アジアの場合、日韓の場合もそうですが、歴史認識をめぐる議論がナショナリズムの相互主張の場に転化しやすいことは否定できない。だから、日韓、日中の歴史共同研究は、あくまでも研究者個人を主体とする、国境を超えた学問的共同作業を主要な役割とすべきであって、それぞれの国益や国民感情を直接に代弁すべきではない、と私は強く主張したつもりです。それぞれの国のナショナリズムから距離を置くべきです。学者がナショナリズムにとらえられるのは、一国の対外関係が危機的状況にあることの表れだと思う。

歴史共同研究はそれぞれの国のナショナリズムに対する防波堤の役割を果たすべきです。このことは、報告書の提出にあたって日韓双方の政府当局者に対しても強調しました。

報告書では、国境を超えた「学問共同体」を確立することの必要も提起しました。一八世紀初頭の新井白石の時代に見られた「文芸共同体」と機能的には同じようなものです。六代将軍家宣のブレーンであった白石の朝鮮通信使への対応を見ていると、たとえば、徳川将軍の称号をめぐって従来の「日本国大君」を「日本国王」に改めよ、などというナショナリスティックな主張を試みていますが、一方で、朝鮮の文化に対する尊敬がある。日本のインテレクチュアルと朝鮮のインテレクチュアルは、外交儀礼の典拠になっている儒教という共通の古典を持っている。それはヨーロッパの場合と同じなんです。当時の日本と朝鮮との間で学問共同体、知的共同体は実体として存在したと思う。そういうものがないと、共同研究が実質的な業績を上げるのは非常に困難です。白石の時代にあったような共同体を再建することはできませんが、違った形の新しい時代の知的共同体をつくっていく必要はある。そうしないと、ナショナリズムを克服することは難しい。

――「歴史から学ぶ」とよく言われますが、歴史認識と政策決定の関係はどういうものでしょうか。

三谷　元アメリカ国務省政策企画室長で、駐ソ、駐ユーゴ大使を歴任したソ連・ロシア専門家のジョージ・F・ケナンのことを考えます。一九五一年に彼が出した『アメリカ外交五〇年』(邦訳は岩波現代文庫)では、一九〇〇年から五〇年までの五〇年間のアメリカ外交の様々な事例、とくに失敗例を取り上げている。それらの事例についての歴史認識が、ケナンが携わった対外政策の策定に深くかかわっている、ということを示している点で、注目すべきだと思う。政治や外交の実務に携わる者にとっても、歴史認識は必ず何らかの形で影響を及ぼしているのです。

たとえば一九世紀の終わりの米西戦争の結果、アメリカは旧スペイン領だったフィリピン、プエルトリコを領有するわけですが、これを外交の失敗例としている。また、一九世紀の終わりに発せられた、中国に対する門戸開放・領土的行政的保全の原則は、外交的実効力を持たなかった。これは戦前のアメリカの中国政策の基本をなしたものですが、これも様々な理由から失敗だったと断定している。

さらに、対日関係については、対日戦争に至るアメリカの対中・対日政策は失敗だったとしている。このことが、冷戦戦略のキーコンセプトとなった「封じ込め政策」(containment policy)をケナンが生み出すうえで、大きな影響を及ぼしている点に注目すべきだと思う。

戦後の一九四八、四九年ごろから始まるアメリカによる対日占領政策の転換のイニシアティヴを取ったのがケナンでした。ケナンは来日し、マッカーサー最高司令官らと会談し、報告書を本国政府に提出した。それがアメリカの国家安全保障会議の決定となって、対日占領政策の転換を方向付けることになった。その背景にあったのが、彼が失敗例と断定している対日戦争に至るアメリカの対日・対中政策に対する歴史認識であって、それが戦後の対日政策の作成・決定に直接結びついてきた、と私は理解しています。

三八年のミュンヘン会談以降、(英国首相の)チェンバレン外交を批判する概念として、それは「宥《ゆう》和《わ》政策」（appeasement policy）と言われた。アメリカやイギリスにおいて排撃された宥和政策を連想させるような対日政策を行うことは不可能です。そこで、当時、対日関係の決裂を回避するために、アメリカの親日派によって追求された別の概念があって、それが「建設的和解」（constructive conciliation）です。

　アメリカの親日派は対日経済制裁はできるだけ回避すべきだとした。四一年に日本側が提案した近衛首相とローズヴェルト大統領による日米首脳会談をアメリカ側は拒否しましたが、ジョセフ・グルーらアメリカの親日派はこれで対日戦争を回避したいと考えました。当時の対日戦争を避けるための嚮導《きょうどう》概念として、日本に対して「建設的和解」で行くべきだと主張したのですが、では、それは宥和政策とどう違うのかということになり、当時、米国の親日派は影響力を持たなかった。

　ある意味でケナンの歴史認識は、四〇年当時に言われた「建設的和解」という概念を継承しています。これを追求しなかったことによって、アメリカは対日破局を避けることができなかった。それは外交の失敗だというのがケナンの立場です。だから、戦後に「建設的和解」の概念を生かすとすれば、対日占領政策の転換という形で継承しなくてはならないとケナンは考えた。

　冷戦期にケナンは、対ソ戦争を回避しながら、ソ連の対外膨張は封じ込めなければならないと考えた。三〇年代から四〇年代初頭の日本に対する、アメリカの親日派の基本方針と同じです。対日戦争は避けなければならないが、日本の対外膨張は封じ込めなくてはならない。それをソ連に対して適用しようとしたのが「封じ込め政策」ではなかったのか。

三〇年代から四〇年代のアメリカ外交についての歴史認識が、第二次大戦後のアメリカの対外政策の基本方針を策定していくうえで影響している例だと思います。だから、政策決定に従事する実務家も歴史認識と無関係ではない。どんなに意識しなくても、最低限の歴史認識は持っていて、それがないと政策決定はできないと、ケナンは言いたかったわけです。

それと関連して、一般論として言えば、歴史認識が生産的な政策作成・決定につながるのは、成功例よりも失敗例の分析ではないか。ケナンの『アメリカ外交五〇年』についても、「アメリカ外交の悪い点ばかり挙げている」自虐史観ではないかという批判があったようですが、失敗例の分析は重要です。「自虐史観」もよくないかもしれないが、「自愛史観」の方がもっと悪い。ナルシシズムは最も政治判断を狂わせ、政策決定を誤らせると言えるので、政治や外交の実務に携わる者は、どちらかというと、「自愛史観」の方をより警戒すべきだと思います。

歴史家と論壇の関係とは

——歴史家とジャーナリズムや論壇との関係はどうあるべきでしょうか。

三谷　職業的歴史家とジャーナリズム・論壇との関係は、広い意味でのプロとアマの関係だと私は理解しています。ジャーナリズムは広くアマの立場に立って、国民的な歴史認識の形成に参与すべきです。それが、ジャーナリズムの教育的機能で、そこに固有の意義と役割がある。

第二に、ジャーナリズムはあくまでも今日の政治問題、国際問題という観点から歴史認識の問題を扱うべきです。つまり、ジャーナリズムの視点は今日的な問題関心に基づくべきであり、歴史認識の問題を今日の問題に媒介することが固有の意義と役割ではないか。これに対して、職業的な歴史家は、何物にも優先して、学問的な意味での歴史認識への志向を貫くことが大事です。つまり、先ほど話したWHYのレベルの問題の追求を優先することが重要です。

そのことは日韓共同研究のような、政府を背景とする共同研究の場合も同じだと思う。参加者は、背後にある国家よりも、相互の尊敬によって成り立つ「学問共同体」を優先すべきです。ナショナリスティックな主張を持っていた新井白石でさえ、朝鮮の知識人との間の「学問共同体」を重んじ、朝鮮のインテレクチュアルに深い尊敬を持っていた。「相互理解」というより、今一番欠けているのは「相互尊敬」です。単なる「相互理解」では共同研究はできません。遺憾ながら、日韓の間にはいまだそういうものはあまり顕著ではない。それが最大の問題です。

歴史家は、政治問題や国際問題を直接に解決することはできないと思います。そして、学者は直接国益に奉仕したり、国民感情を代弁したりすべきではない。「学問共同体」の建設を通してしか、問題解決に携われないのではないでしょうか。

（聞き手＝『論座』編集部・石田祐樹）

II

政治の現実と学問

1　わが青春の丸山体験

丸山眞男先生の著作及び人格との遭遇が精神生活に重大な（しばしば決定的な）意味をもった世代が存在する。それは丸山体験によってつくられた丸山世代といってもよいであろう。丸山世代は戦後のほぼ三〇年間に学生生活を送った世代の中に集中している。それは学問のみならず、それ以外のジャーナリズムや芸術さらに政治・行政・法律・経済等の各実務の方面にも広がっている。また学問においても丸山世代は先生の専門やそれに近接する専門に限られない。それは社会・人文系のみならず、自然科学系にも及んでいる。さらにいえば、そうした専門人の分野をこえた市民的な広がりをもっているのが丸山世代の特徴かも知れない。丸山世代のそれぞれの丸山体験は多様であるが、それぞれの丸山体験が精神生活を形成する重大な要因となったという点はすべてに共通である。私もまたそのような丸山世代に属する。

丸山眞男の名をその著作と結びつけて私がはじめて聞いたのは、一九五四年のことであったと記憶する。たまたま私が通っていた県立千葉第一高校の南波恕一先生（日本史）のお宅にうかがっていた時、同先生から「東大法学部に丸山眞男という教授がおり、その著書に『日本政治思想史研究』というすぐれたものがある。これは将来ぜひ読むべきものだ」という教示を受けた。私は当時丸山先生と同世代の学者の中では清水幾太郎氏の著作に最も親しみ、それから少なくない影響を受けていたが、丸山先生の著作は全く読んでいなかったと思う。丸山眞男の名は『日本政治思想史研究』とともに十代の私の脳裡に深く刻みこまれた。

私が大学に入学した一九五六年に『現代政治の思想と行動』の上巻が刊行され、翌年に下巻が刊行されたが、これは私が高校時代に読んだフリードリッヒ・エンゲルスの『空想より科学へ』以来の至大な知的衝撃を与えた。これに先立って、私がはじめて読んだ丸山先生の論文は雑誌『世界』(一九五六年一一月)に掲載された「『スターリン批判』の批判――政治の認識論をめぐる若干の問題」(後に「『スターリン批判』における政治の論理」と改題され、『現代政治の思想と行動』下巻所収)であったが、私はそこに「社会主義」を含めたあらゆる政治の現実とイデオロギーを客観的に認識し、批判しうる学問としての政治学を見出し、それが広く人類にとっていかに必要な学問かをはじめて実感した。『現代政治の思想と行動』上下二巻及び京極純一先生が教養学部の「政治学」の講義の冒頭で参考書として最も強く推薦された(私の記憶では京極先生は「これ以外の参考書は読む必要がない」とまでいわれた)『政治の世界』は、私にとっては戦後日本が生んだ最も独創的で最も普遍的な知の啓示であるように思われた。後に私は教養学部時代の在日朝鮮人の友人で退学して北朝鮮へ渡った友人との別離に際して、ある思いをこめて最も大切にしていた『現代政治の思想と行動』をその友人に贈った。

懸案の『日本政治思想史研究』は、私が所属していた教養学部のサークルである歴史研究会の部室の書棚に置かれていたものを借り出して読んだ。たまたま墓参のため私の出生地岡山へ赴いた際、東海道・山陽本線の往復の夜行列車の車中で一睡もしないで読んだことを記憶している。これによって私は丸山先生の学問の計り知れない広さと深さに驚嘆するとともに、その本領を知った。そしてあわせて江戸時代の儒教や国学の研究が現代政治の研究にとって重要な意味をもつこと、一般的に政治認識にとって歴史認識が必要不可欠であることを知った。政治理論・政治思想史・政治史が三位一体でなければならない所以をはじめて知ったのは、『日本政治思想史研究』においてであった。丸山政治学の最大の特質は、そのような三位一体をきわめて高い次元で体現していたところにあったというべきであろう。

はじめて丸山先生の謦咳に接する機会を得たのは、法学部に進学した一九五八年の夏休みを控えた時期であったように記憶する。一九九六年八月二六日の「丸山眞男先生を偲ぶ会」の会場の正面に置かれていた遺影を拝見した時、三八年前に本郷の構内の山上会議所で法学部第三類（政治コース）の学生たちに囲まれていた先生の残像がそのまま遺影に重なった。三八年前はじめて私の眼に映った先生も白い開襟シャツを着ておられ、ネクタイはなく、私の座った位置から見られたのももっぱら先生の横顔であった。先生は私にとって最後まで凋《しぼ》むことのない松柏であった。

学者の中で著作の印象と人格の印象とが相互を裏切らない例は決して多くない。丸山先生の場合は著作と人格とが全く合致する稀有の例であったと思う。先生自身学問はそれを担う人格と不可分であるという見解を持っておられた。先生の場合、学者の評価にしても能力や業績の評価とともに人格の評価が相伴っていたと私は見る。そのことは先生が学問の根底にある人格の反映としての思想や信条を重視されたということを意味する。後年先生とお話していた際、先生が深い影響を受けられた田中耕太郎先生のことが話題となり、私が「田中先生の本質は何ですか」とお尋ねしたところ、先生は即座に「デンカー〔Denker、思想家〕だな」と答えられた。それは、丸山先生の田中先生に対する最高の賛辞であった。丸山先生は田中先生の政治的立場に対しては戦後はもちろん戦前のそれについても必ずしも同調してはおられなかったと思われるが、それとは別に、多極的にして統一的な人格に支えられた「思想家」としての田中先生を高く評価されたのである。丸山先生との対話が拙稿「田中耕太郎の近代批判」(『二つの戦後』筑摩書房、一九八八年所収)を草する動機となった。ただし丸山先生の場合、人格の評価はあくまで思想や学問を媒介としてなされたのであり、思想や学問から切り離された人格そのものの評価については、それを口にしたり筆にしたりされるようなことはほとんどなかったように思われる。

同じようなことはおそらく政治家の評価についてもいえることであって、先生は一方で政治における責任倫理を説き、結果責任を強調しながら、他方で心情倫理を重視された。たとえば北畠親房をとり上げた「神皇正統記に現はれたる政治観」(一九四二年)にはそのような先生の観点が明確に打ち出されている。先生は「哲人政治家」としての北畠親房を通して、結果の如何にかかわらず、「つねに『内面性』に従って行動することの価値」を強調された。先生にとっては「である」ことは「する」ことと同等に、あるいはそれ以上に重要であったのである。私にとっては人格による丸山体験は、著作による丸山体験と同等に、あるいはそれ以上に重要であったのである。

私が学生として聴講した先生の一九五九年度の「東洋政治思想史」の講義は、はじめて日本古代を取り上げたものであり、その第一章は「古代国家の政治的神話」となっていた。講義が行われた二二番教室は先生の片言隻語をも聞きもらすまいとする聴講者の張りつめた緊張感が支配しており、法学部の他の講義とは全く雰囲気が違っていた。後にも先にも教授と学生とのあれほど高い一体感を私は体験したことがない。最後の講義が終わった時、先生は聴講者に贈ることばとしてベートーヴェンのことばをドイツ語で板書された。それは先生が愛読されたロマン・ロランの『ベートーヴェンの生涯』に出てくるベートーヴェンのことばであった。私の記憶では先生はドイツ語原文を「力の限り善き事を為せ。何ものにもまして自由を愛せよ。たとえ王座のきざはしにあるとも、絶えて真理を忘れるな」と訳された。当時私はこのことばに忠実に生きようと決意した。その後の私はこのことばに忠実に生きてきたとは到底いえない。しかし私は今日まで先生から贈られたこのことばを忘れたことはない。

2　思想家としての丸山眞男

思想史家としての、あるいは政治学者としての丸山眞男が単なる学者ではなく、思想家でもあったことについては異論はないであろう。丸山の学問が専門領域を超えた広い学際的影響力、あるいはそれ以上の一般的な精神的影響力をもったのは、彼が思想家であったからである。しかし丸山がいかなる意味で思想家であったのかについては、必ずしも明確にされているとはいえない。

丸山が思想家であったのは、職業的学者の業界である学界を超える普遍的な知的共同体の成員としての強い自覚と使命感を持ち、その学問を知的共同体を成り立たせる知的コミュニケーションの媒体として形成してきたからである。したがってその学問は学界だけでなく、広い知的共同体において通ずる言語によって表現された。彼の文章が学界外の多くの読者を引き付ける文学的価値をもった所以である。丸山の学問は自ずからその思想を表現し、結果として学問と思想とが一体となっていたのである。すなわち丸山は一方で学問と思想とを峻別しながら、他方で思想なき学問や学問なき思想に懐疑的であり、両者の結びつきを重視したのである。

そのような丸山の学問観（あるいは思想観）は、彼が若き日に深い影響を受けたマルクス主義や南原繋の政治哲学に負うところが大きい。マルクス主義こそは科学と哲学と世界観とが一体となった体系であったし、南原の政治哲学においては、学問と世界観とが深く結びついていた。丸山はマルクス主義が日本において専門化された個別の学問領域を縦断して、文学にまで及ぶ知的衝撃を及ぼし、知的共同体の現実的可能性を示した思想史的役割の画期性を高く評価したし、南原の学問が歴史の表層の変化に惑わされない強固な自立性をもって現実の指針となりえた所以を、それが確固とした世界観的基礎をもっていたことに帰した。本居宣長に対する丸山の批判の第一理由も、その卓越した学問上の成果と、それとは必然的な結びつきをもたない幻想的な神国思想との乖離にあった。福沢諭吉の「哲学」を探求して、その価値意識や人生観に遡ったのも、福沢における学問と思想との結びつきを確認し、思想家としての福沢の真価を確定しようとしたからに他ならない。丸山はその探求の結果として、神からも自然からも独立して人生全体をフィクションと見立てる福沢の極限的ヒューマニズムを見たが、ヒューマニズムに対する超越的価値を認めなかった福沢の立場に丸山は批判的であったようである。

丸山が思想家として市民権を求めた知的共同体は、普遍的なものであり、また理念的なもの、あるいはユートピア的なものであった。丸山は職業人を超えた普遍人として立つことを望み、その拠点を求めて、ユートピアとしての知的共同体の建設を担おうとしたのである。その思想家としての立場は「個人主義」ではなく、「社会主義」、より正確には「ユートピア社会主義」であったというべきであろう。

もちろん知的共同体を成り立たせるものは、独立した個人の内面性である。そしてそのような知的共同体が政治社会の内面的基礎となるのである。丸山がデモクラシーの固定化や教義化を防ぎ、それを機能させる最大の要因を個人の「内面的独立性」に求めた所以はそこにあった。したがって丸山は「集団」ではなく、「個人」が状況を動かすのに役立つ政治学こそ「唯一つの有効な政治学」と考えたのである。

しかし丸山は「相互作用」や「和声関係」をもたない実体的・自足的な「個人主義」、「『社会』をなさない個人主義」には与しなかった。丸山によれば、「ファシズムに対する免疫性がもっとも強い」イギリスは「個人主義」の文化ではなく、「『社会』が……個人の精神のなかに実在している」文化であった。丸山にとって人間の「自立」は自己愛に収斂する「動物的な自己主張」によってではなく、逆に「見えざる絶対的権威の承認」を前提とするのであり、丸山は自ら知的共同体の実現に献身することによって「個人主義」を超えようとしたのである。

丸山の「社会主義」思想の形成に少なからぬ影響を与えたグスターフ・ラートブルフの『社会主義の文化理論』は、ラートブルフ自身の「社会主義」思想の精神的源泉としてゲーテの『ヴィルヘルム・マイスターの遍歴時代』を挙げ、「これによってわれわれには、ゲーテがその青年時代の思想でもあり、又かれの時代の時代思想でもあった個人主義的思想を超えでていって一個の超人格的な……共同体という理念に完全にみたされていたことがわかるのである」と書いている。ゲオルグ・ジンメルもまた、丸山が精読した『社会学の根本問題』においてヴィルヘルム・マイスターの「修業時代」から「遍歴時代」への変化について、同様のことを指摘している。丸山が「国家＝社会主義」を排しながら、「個人＝社会主義」を主張した背景には、ゲーテに連なる精神的系譜を意識していたラートブルフの「社会主義」への共感があったと考えられる。

丸山の「社会主義」思想の原点であった普遍的な知的共同体は、共通の知的言語を必要とする。ゲーテの「世界文学」の概念は、そのことの認識に基づくものであった。丸山にとって「世界文学」に相当する概念は「古典」であった。丸山は日本において「古典」の形成を困難にしている「現在中心」志向の文化的伝統の中に普遍的な知的共同体の確立を妨げる障害を見出した。丸山が『「文明論之概略」を読む』を通して「古典」の重要性を訴えた最も深い動機は、「今」を絶対化する日本的「歴史主義」の批判にあったと思われる。フルトヴェングラーがブルックナーの音楽を論じて「永遠者との真実の生きた結合」を指摘し、あえて音楽の「反歴史主義」的解釈の重要性（そしてまさにゲーテによって定義された「古典的なもの」の概念の重要性）を強調したことに丸山が深い共感を示したのは当然であった。そしてこのような「永遠者」や「普遍者」の観念をもたない「歴史主義」に対する批判こそ丸山の「啓蒙」の意味であった。それは「超国家主義の論理と心理」と「歴史意識の『古層』」とを一貫するものであった。丸山の「啓蒙」は普遍的な知的共同体に向けて「開かれている精神」を触発するものであったのであり、そこに思想家としての丸山が果たした最も重要な役割があったと思われる。

3 書評『丸山眞男回顧談』(上・下)

本年〔二〇〇六年〕は戦後日本において最も広く、かつ深い思想的影響を及ぼした丸山眞男の没後一〇年に当たるが、今なおその影響の拡大と浸透は止まない。そのことは、生前には公表されていなかった様々な遺作が刊行され続けている現状にも表れている。

本書は、一九八八年から九四年まで全一七回にわたる晩年の丸山からの聞き書きを編集校訂したものである。

丸山の回想は、時期的には一九二〇年代後半の少年期から六〇年代末の東大紛争前後にまで及び、とり上げられたテーマは多岐にわたっているが、注目すべきことは、丸山がその著作について、これまで必ずしも明確にされてこなかった背景および動機を語っていることである。そしてそれを通して丸山の歴史認識の特質がその変化を含めて、明らかにされていることである。ここではそれを二つの場合について確認したい。

第一は、敗戦日本の自己認識を最も鮮烈な形で提示した四六年の論文「超国家主義の論理と心理」を生み出す過程の内面的葛藤である。それは丸山自身が「転向」と形容するほどの歴史認識の根底からの変化を伴うものであった。すなわち戦前・戦中の丸山が依拠してきた穏健派のイデオロギー（「重臣リベラリズム」）が内乱を恐れ、天皇を中心とする国内秩序の維持を最優先した結果、対外戦争を正当化する「超国家主義」に対する抵抗力となりえなかったことへの反省がこの論文に貫かれていることを丸山は語っている。「重臣リベラリズム」批判は、丸山にとっては自己批判であり、それが丸山の「戦後」の出発点であったことが明らかにされている。

第二は丸山の著作中最も重要な系列の一つである福沢諭吉論の背景にある福沢のアジア観（とくに朝鮮観）についての丸山の見解である。丸山は植民地帝国日本のイデオロギー的源泉の一つとして福沢の「脱亜論」を意味づける見解には与《くみ》しない。丸山はむしろ朝鮮における国民国家の形成を志向した朝鮮改革派に対する福沢の援助を評価する。丸山が示唆した朝鮮改革派に対する歴史認識の再検討は、日韓両国の研究者にとって将来の重要な課題となるであろう。

4　丸山眞男は戦後民主主義をいかに構想したか

――「精神的貴族主義」と「少数者」との関連を考える――

はじめに

今日丸山眞男を論ずる者は、丸山を褒するにせよ、貶するにせよ、丸山がデモクラットであることを自明の前提としている。仮に「デモクラット」を「ラディカル・デモクラット」あるいは「戦後民主主義者」といいかえても、同じであろう。しかしそのような前提を維持し、それ自体を問題としない限り、丸山論は深まらないし、また拡がらない。すなわち丸山論が「デモクラシー論」(democratic theory)一般へと拡がり、さらに「デモクラシー」論それ自体をも深めることにはならない。その意味で丸山論は固定化し、その展望は狭まりつつあるように見える。それは丸山論の死滅を促進する。そのような形での丸山論の終焉は、決して望ましいことではない。

しかも丸山論の固定化は、実は今日の「デモクラシー論の貧困」を反映している。そして「デモクラシー論の貧困」が「政治の貧困」の本質的な部分であることはいうまでもない。政治(とくにデモクラシーの政治)においては、理論は現実と不可分であるからである。そのことは、丸山の政治理論についてはこの上なく妥当する。丸山は確かにデモクラットであったが、静止した天上の理念としてのデモクラシーを奉じたのではなく、現実に作用し、それを通して現実を導く「作用理念」(A. D. Lindsay が *The Modern Democratic State* (1943) の中で提示した "operative ideals" の一つ) としての「デモクラシー」を現実分析の対象として問題としたのであった。

別の観点から見れば、従来の丸山論は、丸山の特質を独創性に求め、その根源としての丸山の個性を重視してきた。二〇世紀前半にもっぱら特定の文学的個性を重んずるロマン主義的な文芸批評を批判し、文芸批評の歴史的視野を拡大することを提唱したイギリスの詩人で文芸批評家のトーマス・S・エリオット (Thomas Stearns Eliot) は、「どの詩人でも、どの芸術部門の芸術家でも、その人ひとりだけで完全な意義をもつ者はない。その意義、その価値は死んだ過去の詩人たちや芸術家たちに対する関係の価値である」と指摘している。エリオットによれば、「文芸批評」がなすべきことは、これまでに書かれ、現在に生き残っている同じ部門の作品群、たとえば既成の詩作群が相互に形成してきた伝統的秩序とこれに衝撃を与え、変容を迫る新しい詩作とを関係づけ、古いものと新しいものとを相互に順応させる秩序を再形成することである。したがって詩において重要なのは、詩人の「個性」よりも、詩の概念を形成する詩の「全体」であり、詩の「全体」のあり方を変え、これを新しい「全体」へ導く「媒体」としての詩人である。エリオットによれば、「詩人がもっているのは表現すべき『個性』ではなく、特殊な媒体――これは媒体というだけで個性ではない――で、その媒体によって印象と経験とが特別な思いがけないしかたで結合するからである。」すなわち詩は個人の経験を超えて、「多数の経験が集中したものであり、集中の結果生まれたものである。」このような前提から、「芸術の情緒は非個性的である」というエリオットの独自の命題が導き出される（以上T・S・エリオット著・矢本貞幹訳『文芸批評論』岩波文庫、一九六二年）。

丸山論において重要なのは、T・S・エリオットが「文芸批評」について主張したような非個性的把握であり、「創作者」としての丸山よりも「媒介者」としての丸山の役割を重視することであると考える。それによって政治理論家（あるいは「政治批評家」）としての丸山の普遍的意味がより多く明らかになると信ずる。以上のような観点から、本稿はいかなる意味において丸山眞男がデモクラットであったかを、丸山の「戦後民主主義」の構想に即して論じたい。

一 旧体制批判、とくに「重臣イデオロギー」批判

丸山眞男の「戦後民主主義」を問題とするためには、まずその前提として、丸山にとって「戦後民主主義」の反意語（antonym）とは何であったかを明確にしなければならない。具体的にいえば、丸山はなぜ、またいかに明治憲法下の旧体制と訣別したのか、そして旧体制の何を最も強く批判したのかを改めて問わなければならない。これらの問いは決して自明の答えを予想した問いではない。明治憲法に基づく立憲主義およびそれが許容する自由主義に重要な歴史的意味を認めていた丸山にとって、旧体制批判は必ずしも自明ではなかった。とくに旧体制の支配的イデオロギーの一つであって、しかも「穏健

派」（the moderates）のイデオロギーとして旧体制の政治的安定化（および自由化）に重要な役割を果たした「重臣イデオロギー」（丸山自身のいう「重臣リベラリズム」）の批判は、単に統治体制としての旧体制に対する批判に止まらず、旧体制の最良の部分を成した（時としてはその被抑圧部分でもあり、戦時下の丸山が深く同調していた）リベラルな学者・知識人の政治的立場への批判にも及びうるものであったからである。重要なことは、丸山の「戦後民主主義」の反意語が単なる「超国家主義」や「ファシズム」ではなく、それらが排除しようとした穏健派＝「現状維持」派のイデオロギーとしての「重臣イデオロギー」（「重臣リベラリズム」）であったということである。

丸山が理解する「重臣イデオロギー」とは、特殊な歴史的意味内容をもつ政治イデオロギーであった。すなわちそれは内外の政治的力関係の中立点を探り、そこに立脚点を見出そうとする天皇側近が共有していた政治的受動性の表現であった。それは国の内外にわたって、バランス・オヴ・パワーを求め、その状態の実現を目的とする没価値的なイデオロギーといってもよいであろう。したがってそれは政治的力関係の変動によってその内容が変化し、変化の振幅が大きい状況依存的イデオロギーであった。

しかしそれにもかかわらず、「重臣イデオロギー」は、第一次世界戦争の戦後期である一九二〇年代と第一次世界戦争の戦後が終わった一九三〇年代（とくにその後半以降）とではヴェクトルの方向に変化が生ずる。すなわち第一次世界戦争後の支配的な政治的価値観（「親英米派」的価値観）を反映した前期イデオロギーから、価値中立的さらに現実追随的な後期イデオロギーへの転換が起こる。それは若干の価値志向をもつ「重臣リベラリズム」から力の論理のみに従う没価値的な「重臣イデオロギー」への転換である。それに伴って、「重臣イデオロギー」のヴェクトルの方向は国際協調的から国内協調的へ、立憲主義的から状況主義的へ、とくに二・二六事件後は自由主義的から反自由主義的へ、政党中心主義から軍部中心主義へと変化する。

この変化は、一九三四年七月に当時の二大政党である政友会・民政党両党のリーダーであった政党政治家たちを有力閣僚とする斎藤実内閣が総辞職し、わずかに残されていた政党内閣復活の可能性が絶たれ、その後継内閣首班を天皇に対して推薦する組織として、明治国家のリーダーであった元老の他に、首相経験者、枢密院議長、内大臣を加えた新たな「重臣会議」が召集されたのを転機としている。これ以後元老は天皇に対する絶対的な政治的助言者から、単なる「重臣」グループの代表者に転化し、それ自体としての明確な政治的主体性をもたない「重臣」グループが議会や政党の弱体化と共に、宮中の影響力の拡大を促進した。これによって元老（とくに第一次世界戦争後パリ平和会議に臨む日本の首席全権を務めると共に、政党内閣の時代の到来を誘導する役割を果たし、同時代の政治的価値観をも体現していた最後の元老西園寺公望）に一元化されてきた首相推薦権が多元化され、価値観的一体性の希薄な「重臣」グループによって共有されることとなった。そして「重臣」グループの代表者は、政党政治家出身の元老から官僚出身の内大臣へと漸次移行した。しかし「重臣イデオロギー」は、その内容的変化にもかかわらず、天皇を体制の究極の求心力として確保しようとする点では一貫していた。

このような力の論理に従う「重臣イデオロギー」に対して、戦後の丸山は次第に批判的となった。丸山が尊敬した南原繁、田中耕太郎、高木八尺らのように近衛文麿、木戸幸一ら天皇に影響力を及ぼしうる同年代の「重臣」グループを通して天皇に働きかけ、終戦を実現しようとした学者グループの政治的立場とは一線を画するにいたった。これら学者グループ（南原繁・高木八尺　一八八九＝明治二二年生まれ、田中耕太郎　一八九〇＝明治二三年生まれ）は、ほぼ同じ明治二〇年代前半生まれの天皇側近（木戸幸一　一八八九＝明治二二年生まれ、近衛文麿　一八九一＝明治二四年生まれ）によって担われる「重臣イデオロギー」を媒介とすることによってのみ、戦争の早期終結をもたらしうると考えた。そして戦争終結後の予想される政治的混乱の収拾のために、皇族内閣を期待した。

但し南原繁は「重臣イデオロギー」を終戦工作のための有効な戦術的手段としてそれに依拠しながら、戦後は「国民共同体」としての日本を再生させるために、昭和天皇の退位を主張することによって「重臣イデオロギー」から距離をとった。そして旧体制下の軍事専門家をはじめとする専門家支配＝エリート支配を否定し、一般国民レヴェルにおける「教養」の確立を前提とする「民衆文化」の形成を戦後教育の目標に掲げ、新しい教育制度の設計に指導的役割を果たした。その意味では丸山は南原の路線に同調したといえるかもしれない。

二　近衛文麿と丸山眞男

「重臣イデオロギー」の前期段階（第一次世界戦争の戦後期、すなわち一九二〇年代）を代表する人格が元老西園寺公望であったすれば、その後期段階（第一次世界戦争の脱戦後期、すなわち一九三〇年代後半期）を代表する人格は近衛文麿といってもよいであろう。近衛は京大学生当時、一九一三年に西園寺をその京都の自邸「清風荘」にはじめて単独で訪問して以来、西園寺に嘱目され、パリ平和会議にも西園寺の推薦によって随員となり、全権団に同行した。しかし戦後政治体制については、国際的にも国内的にも近衛は西園寺との間に見解の相違があった。とくに国際政治体制については、それを支配した理念を「英米本位の平和主義」と断じ、強く排撃した。

また国内政治においても、近衛の政治的拠点は一貫して彼が世襲公爵議員として京大学生当時から議席を有していた貴族院であり、彼の政治的経歴は貴族院多数派の議員団体である研究会幹部、貴族院副議長そして貴族院議長を経て形成されたものであった。近衛は元来西園寺と異なり、必ずしも衆議院多数派（とくに政友会）を主力とする政党内閣を支持せず、一九三〇年代に入ると、この立場から次第に西園寺を批判するようになった。このような両者の立場の齟齬は、二・二六事件以後軍部その他によって、「自由主義」が反体制イデオロギーの烙印を押されるに及んで決定的となった。こうして「重臣イデオロギー」の前期段階（「重臣リベラリズム」）は一九四〇年（紀元二六〇〇年）一一月の西園寺の死と共に完全に終息した。

それ以後「重臣イデオロギー」の後期段階を代表する人格となった近衛は、戦争の時代の終息と戦後の日本の再出発とを彼固有の「重臣イデオロギー」に照らして意味づける。首相辞任後、戦中から戦後にかけて、近衛の「重臣イデオロギー」は、没価値的・受動的な現実追随的なものから、戦争原因についての一種の陰謀史観に基づく能動性を帯びた反共的性格の異常に強いものへと変化する。それが顕著に表れているのが、近衛が敗戦六ヵ月前に重臣の一人として、戦争の早期終結の決断を天皇に対して求めた近衛上奏文といわれる文書である。この中で、近衛は敗戦必至の見通しを立てた上で、満州事変以来今日にいたる戦争の拡大をもたらした真の原因は軍部の背後にあってこれを操縦し、官僚機構や民間団体に潜入し、戦争を通じて意図的に「共産革命」を推進している「共産分子」にあるとの認識を示す。そして戦争の継続は「共産革命」の危機の増大を意味するものであり、「敗戦よりも敗戦に伴うて起ることあるべき共産革命」こそ、窮地に追いこまれた日本の最優先目的である「国体護持」にとって最大の脅威であることを強調する。つまり戦争末期の日本は「敗戦」か「革命」かの二者択一の状況に直面しており、「国体護持」(天皇制維持)のためには、むしろ「国体」に対する多少の「瑕瑾」は避けられないとしても、その「変更」にまで及ばない限り、「革命」を阻止し、「敗戦」をとるべきであるというのが天皇を究極の価値とする「重臣イデオロギー」から出た近衛の判断であったのである。

このような近衛の「重臣イデオロギー」は、近衛にとっては戦後日本の再出発点でもあった。一九四五年八月一五日、ポツダム宣言に基づく無条件降伏を受け入れた鈴木貫太郎内閣が総辞職し、それを継いで敗戦処理を任とする東久邇宮稔彦王内閣が発足すると、近衛は無任所国務大臣として入閣し、同内閣の事実上の中心となった。

九月二日の降伏文書の調印後、本格的な対日占領政策の実施は、戦争犯罪人容疑者の指定とその逮捕をもって始まった。九月一一日東条英機元首相逮捕のため、占領軍はMPを派遣した。その際東条は自殺を図ったが、未遂に終わった。翌一二日には、日本政府は占領軍側から第一回戦犯容疑者リスト(三四名）を受け取った。さらにその翌日受け取った第二回分のリストには、近衛を補佐する緒方竹虎内閣書記官長が含まれていた。政府はその取消を占領軍側に申し入れ、緒方逮捕は一時中止されたが、このことは、他ならぬ近衛自身の戦犯容疑者指定への不安を強めたと思われる。近衛はマッカーサー連合国最高司令官と個別に接触する機会を懸命に求めた。東久邇宮首相もまた、マッカーサーとの独自ルートを模索した。その結果、政府とマッカーサーとの連絡ルートを一本化しようとした重光葵外相が閣内において孤立し、重光の外相辞任を惹起した。重光の後任となったのが、戦争末期の近衛上奏文の起草や近衛を中心とする終戦工作にも関与した吉田茂であった。これは近衛にとって、事態の有利な展開であった。吉田に期待されたのは、マッカーサーとの間に円滑な関係をつくることができなかった重光に代わって、「マ元帥と話の出来る外相」となることであった。

九月一三日、連合国総司令部がまだ横浜に置かれていた当時、近衛は初めて横浜税関の建物にマッカーサーを訪問した。しかしこの会見では、通訳の不備もあり、近衛はマッカーサーとの間で十分な意思疎通（少なくとも近衛自身の十分な意思表明）を行うことができなかったと感じた。そこで近衛は九月一九日に総司令部が東京へ移転した後、再度のマッカーサー訪問を企図する。戦犯への不安に苛まれていた近衛は、自らの政治的生存の成否をマッカーサーとの個別の関係の構築に賭けていたのである。

近衛のマッカーサー再訪に先立って、九月二七日には昭和天皇の自発的意思によるマッカーサー訪問が行われた。その際会見に先立って、米国側によって撮影された天皇とマッカーサーとが並んだ写真が総司令部によって各紙に配布され、記事とともに掲載された。これは政府ならびに一般国民に大きな衝撃を与えた。九月二八日付の永井荷風の日記には次のように書かれている。「昨朝天皇陛下……米軍の本営に至りマカサ元帥に会見せられしといふ事なり。戦敗国の運命も天子蒙塵（敗戦の混乱によって、天子が通る道を予め清掃することができないために、天子の頭が塵にまみれること）の悲報をきくに至つてはその悲惨も亦極れりと謂ふ可し。……我等は今日まで夢にだに日本の天子が米国の陣営に微行して和を乞ひ罪を謝するが如き事のあり得べきを知らざりしなり。」

天皇に続いて、一〇月四日近衛はマッカーサーを再訪した。そこで近衛はその独自の「重臣イデオロギー」に基づく状況認識をマッカーサーに伝え、一つの政治的提言を行った。それは旧体制の「皇室を中心とする封建的勢力」と「財閥」とを温存し、漸進的に民主化を進めよというものであった。その前提にある近衛の状況認識によれば、戦争と日本の破局に責任があるのは、「軍閥」と「極端な国家主義者」であるが、実はそれらと結びつき、それらを動かしていたのは、マルクス主義を奉ずる「左翼分子」であった。そして「封建的勢力」と「財閥」とは、「左翼分子」によって操作されている「軍閥」を抑制する役割を果たしてきたのである。今や「軍閥」に代わってこれまでその背後に潜伏していた「左翼勢力」が前面に出てきた。放置すれば、日本は容易に「赤化」するであろう。第一次大戦後のドイツにおいて、共産革命を阻止したのはドイツ社会民主党であったが、日本においてそれに相当する役割を果たしうるのは、当面「封建的勢力」と「財閥」としかない。以上の状況認識は、まさに敗戦六ヵ月前に近衛が天皇に対して提出した上奏文に示したものと同じであった。そしてそれは近衛がマッカーサーに対してその場で自認したように、何よりも「封建的勢力」に属する近衛自身の存在とそのイデオロギー（「重臣イデオロギー」）の政治的正当化に他ならなかった。

マッカーサーが近衛の状況認識と政治的提言とをどのように評価したかは明らかではない。しかし事実としては、まさにその当日、総司令部は近衛の期待を一挙に打ち砕く措置をとった。ちょうど近衛とマッカーサーとの会見が行われていた時間に、総司令部は山崎巌内相および警察首脳、都道府県警察部長、特高警察当局者全員、合計約四〇〇〇名の罷免、思想警察の全廃、政治犯・思想犯全員の即時釈放を指令した。これは近衛が期待した「左翼勢力」の排撃に反する措置であった。これを総司令部による内閣不信任と受け取った東久邇宮内閣は、即日総辞職を決定した。近衛および「封建的勢力」の拠点としての皇族内閣は崩壊した。

しかしマッカーサーとの会見は、近衛に対して前途を見誤らせる幻想を与えた。マッカーサーは憲法改正の必要を説き、近衛がその周囲に「自由主義的分子」を糾合し、憲法改正の陣頭に立つよう激励したと受け取られるような発言を行ったからである。少なくとも近衛はマッカーサーの発言をそのように受け取った。そして近衛は重圧となっていた戦犯への不安から一時的に解放された。

ちょうど同じ日、マッカーサーとの会見を終えて首相官邸に帰った近衛は、旧制第一高等学校在学中からの友人で、その後近衛が東京帝国大学哲学科に在籍していた時期にも、同じ哲学科の学生として交友があったと思われるドイツ文学者で第四高等学校教授であった高橋禎二の引き合わせで丸山眞男に会った。丸山によれば、近衛は高橋に少なからぬ信頼を置いていたようである。高橋は戦中からシュテファン・ツヴァイクの『ジョゼフ・フーシェ』（一九三九年）や『エラスムスの勝利と悲劇』（一九四三年）

等の翻訳で知られていた。ユダヤ系オーストリア人としての（そしてナチス支配を逃れた亡命者としての）ツヴァイクの出自を考えれば、高橋が単なる時局への追随者であったとは考えられない。丸山の『回顧談』によれば、近衛との会見の席には田中耕太郎や高坂正顕も同席していた。高橋はかつて外国で新刊された政治文献の翻訳・紹介を丸山に依頼したことがあり、それ以来丸山に注目していたと思われる。おそらく高橋は戦後における近衛の「憲法改正」その他の政治活動を助けるために、近衛の周囲に糾合すべき（あたかもマッカーサーが示唆したような）「自由主義的分子」として丸山に嘱目したのであろう。

当日近衛と丸山との間で何が話されたのかについては、丸山は明らかにしてはいない。しかしその後近衛の運命は近衛自身の期待に反して暗転する。近衛の戦争責任を問う声が米国の新聞や在日特派員の間で高まり、近衛が「憲法改正」を担当する資格に疑問を投げかけた。一一月一日には総司令部は声明を発し、内大臣府と繋がりながら「憲法改正」を進めている近衛との関係を公式に否認した。一一月九日には大統領直属機関である米国戦略爆撃調査団が米砲艦士官室において、近衛に対する三時間に及ぶ尋問を行い、近衛が日中戦争から太平洋戦争に導いた最高責任者であることを前提とした厳しい質問を続けた。これによって近衛はほとんど自らの戦犯容疑者指定を確信するにいたった。一二月六日木戸幸一元内大臣らと共に、かつての重臣として戦犯容疑者指定を受けた近衛は、巣鴨収容所入所予定日の一二月一六日早朝、自邸荻外荘において服毒自決を遂げた。一八九一年生まれの近衛文麿は時に五四歳であり、年齢的には、たとえば一八七八年生まれの吉田茂と比べると一三歳も年少であった。しかし戦後日本には、近衛の「重臣イデオロギー」が有効に作動する政治空間はもはやなかった。戦後日本における沈み行く星としての近衛の軌跡が、昇り行く星としての丸山の軌跡と一点において交わったのが一九四五年一〇月四日の首相官邸であったのである。

近衛の死は、旧体制とそのイデオロギーの終焉を戦後日本に最も衝撃的に印象づけた。近衛の死後、生前の近衛が戦後日本において自らに期していた政治的役割を継承したのは、戦争末期に近衛に従って終戦工作を共にした吉田茂であった。近衛に代わって、旧体制と戦後日本とを結びつけたのが吉田であった。しかし吉田に協力した知識人たちの路線を丸山は採らなかった。すなわち丸山は権力を支えるブレーン・トラストへの参加の道を選ばず、静岡県三島市に開設された地域住民の集う庶民大学三島教室に講師として参加する道を選んだ。

この庶民大学三島教室の事実上の始まりは、一九四五年一一月一五日に三島市の地元の民間団体が主催した講演会であるといわれているが、そこに丸山は講師として参加し、「明治の精神――封建的精神とのたたかひ」という題で講演した。そして翌年、一九四六年の二月から四月にかけて、全八回にわたって「十九世紀以降欧州社会思想史――特に独逸を中心にして」という講義を行った。この講義の冒頭で、丸山は「二十世紀も半ばを過ぎた現代、しかも敗戦の苦悩にあへぎ、日々に募る生活の脅威にさらされ、明日をも知れぬ不安におのゝきつゝある現在の日本に於て、十九世紀のヨーロッパの社会思想史を学ぶことにどの様な意味があるであらうか」と問いかける。そしてこの自らの問いを受けて、丸山はこの講義のテーマが切実な現代性をもつものであることを強調する。すなわち「十九世紀は現代なのである」と断じ、一八世紀と一九世紀との歴史的断絶に対して、一九世紀と二〇世紀との歴史的連続を強調する。そしてなぜドイツを取り上げるかについては、近代化過程における一九世紀ドイツと一九世紀日本とのそれぞれが置かれた状況の歴史的な類似性、特にドイツにおける自由主義と民族主義との結びつきが日本にも共通するものであることを指摘している。

このように丸山が一九世紀の現代性、特に敗戦日本にとっての一九世紀の現代性を強調したのは、先に言及した「明治の精神——封建的精神とのたたかひ」という講演の中で、徳富蘇峰の永く忘れ去られていたと思われる著作『将来之日本』（一八八六年）をなぜこの時点であえて取り上げたのかという問題にも関連している。徳富蘇峰は戦争下に内閣情報局の企図によって設立された大日本言論報国会会長などの地位に在り、戦争下のオピニオン・リーダーとして行った戦争を推進する世論形成のための言論活動の責任を問われ、高齢と病気の故をもって逮捕・収監は免れたものの、一九四五年一二月二日付で元帥梨本宮守正王らと共に連合国総司令部によってA級戦犯容疑者に指定された。また一九四六年四月には、戦争下の一九四三年四月に湯川秀樹らと共に受章した文化勲章をも返上した。

このように戦時とは一転して、時非なる状況に置かれた戦後の徳富蘇峰に対して、丸山はあえて歴史的再評価の光を当て、永く埋もれていた旧作『将来之日本』に注目を促した。同書において当時二三歳の青年知識人であった蘇峰が強調したのは、明治の「新日本」を生んだ一九世紀の歴史的意味であった。当時の蘇峰の目に映じた一九世紀の世界は、ハーバート・スペンサーの図式に沿って、「軍事型社会」から「産業型社会」へと移行しつつあった。それが当時の蘇峰にとっては、明治の「新日本」の現実をつくり出している一九世紀の歴史の動向であった。それは丸山にとっては、二〇世紀半ばの敗戦日本にも通ずる一九世紀の現代性であった。敗戦日本の廃墟の中で、戦後の「新日本」の可能性に賭けようとしていた丸山が昔日の青年蘇峰に共感し、共鳴したのはまさにその点であった。丸山が三島の地域住民に「明治の精神」の現代的意味を訴えたのは、敗戦日本は徳富蘇峰が『将来之日本』を世に問い、同時代の日本の国民に対して進むべき方向を示すメッセージを発した当時の一九世紀の日本に立ち返り、それを再出発点とすべきだと考えていたからである。すなわち敗戦日本は二〇世紀の老熟した徳富蘇峰ではなく、一九世紀の未熟の徳富蘇峰にこそ学ぶべきであるとの丸山の含意をそこに汲み取るべきであろう。

こうして、丸山は旧体制のイデオロギーとそれがなお影を落としている権力から訣別し、自立的知識人として戦後を生きることを決意した。そのことを明らかにしたのが、一九四六年五月に発表した論文「超国家主義の論理と心理」であった。

この論文は、必ずしも「重臣イデオロギー」(特に戦前・戦中の丸山自身を含めた日本の知識人たちの多くが、程度の差はあれ依拠した「重臣リベラリズム」)そのものを直接に批判したものではない。しかしそれは「超国家主義」を発現させた旧体制イデオロギー全体を批判の対象としており、「重臣リベラリズム」もまた、当然にその中に位置づけられていたのである。すなわち「重臣リベラリズム」はリベラリズム本来の内面性と普遍性を欠いた特殊な政治的イデオロギーであり、戦後日本の精神的秩序とそれを支える自由な主体を作り出すことはできないという含意が込められていると見るべきであろう。

そこにいたる過程は丸山が「重臣リベラリズム」から離脱する過程であった。丸山はそれを自ら「転向」の過程と表現した。

三　維新後の福沢諭吉との共通性

戦後の丸山がとった道は、維新後の福沢諭吉がとった道と対比することができる。福沢諭吉の『学問のすゝめ』にいたる過程と丸山の「超国家主義の論理と心理」にいたる過程との間には、ほとんど同一性ともいうべき共通性を見出すことができるからである。

英語やオランダ語の語学力によって幕府官僚機構の末端に職を与えられていた福沢は、徳川慶喜の将軍後見職就任をもって始まった徳川慶喜政権の出現とともに、その活動の自由を広げ、この政権の路線を強く支持した。開国後の政治的激変に対応する幕藩体制の再構築を目的として発足した徳川慶喜政権の近代化路線とそれを推進した小栗忠順、栗本鯤ら開明官僚のグループの対外・対内政策およびそれらを支えるイデオロギー（その意味の「幕臣イデオロギー」）に福沢は深く同調していたのである。

この時期に既に、日本近代を導く政治的スローガンとなる「文明開化」や「富国強兵」が登場し、それらの政治的スローガンによって、福沢は徳川慶喜政権の近代化路線を特徴づけていた。それだけ徳川慶喜政権に対する福沢のアイデンティティは強かったのである。たとえば福沢は福沢自身の弟という名目で幕府留学生としてヨーロッパに派遣された塾生福沢英之助に宛てた書簡の中で、「如何様相考候共、大君之モナルキに無之候而は、唯々大名同士のカジリヤイニ而、我国之文明開化は進ミ不申」と書いている。「大君之モナルキ」とは当時福沢が描いていた幕藩体制の究極のヴィジョンであり、同時代のフランスにおけるナポレオン三世の統治体制をモデルとしていた。徳川慶喜政権の路線を推進した開明官僚たちは親仏派官僚であった。それに対立していたのが一種の連邦制的な幕藩体制のヴィジョンであり、福沢はこれを「大名同盟之論」として強く排撃していた。前記の書簡の中でも、福沢は「大名同盟之論は不相替行はれ候様子なり。……同盟之説行はれ候ハヽ、随分国ハフリーに可相成候得共、This freedom is, I know, the freedom to fight among Japanese. ……今日之世に出て大名同盟之説を唱候者ハ、一国之文明開化を妨け候者ニ而、即チ世界中之罪人、万国公法之許さヽる所なり。此議論ハ決して御忘却被成間敷候」と極論している。「文明開化」を進めるためには、「大君之モナルキ」を目指す徳川慶喜政権の路線を維持し、推進して行かなければならないと当時の福沢は考えていた。

また同様に福沢は「富国強兵」も、そのための教育の改革とともに、この時期の幕府・各藩共通の課題に挙げていた。徳川慶喜が将軍後見職となった一八六二（文久二）年には、幕府使節団に随行してヨーロッパに渡った福沢はロンドンから出身藩の中津藩士に宛てた書簡の中で、「方今の急務ハ富国強兵に御坐候」と書いている。このように福沢が「文明開化」や「富国強兵」の主導者としての役割を徳川慶喜政権に期待していたことは否定できない。徳川慶喜が正式に将軍に就任して間もない時期に、幕府留学生の監督としてロンドンに派遣されていた川路太郎・中村敬輔（敬宇）両名宛に送られた書簡には、「此度は仏蘭西博覧会為御使節　徳川民部〔慶喜実弟昭武〕様為指遣、本月十一日頃御出帆、且又各国公使坂城え御招待、公方様御直に御待遇可相成由、未曾有の御盛挙、感激に不堪、難有御時勢に御座候。此模様にては文明開化、日を期し企望すべく、既に此節にても大名同盟論抔は何となく痕跡を消し申候」と書かれており、「文明開化」を促進すると見られていた慶喜および慶喜政権の対外開放政策が熱烈に讃美されているのである。

しかるに福沢は維新後、まったくその歩む道を転換する。幕府崩壊によって慶喜政権の近代化路線を支持する「幕臣イデオロギー」から離脱したのは当然としても、幕府に代わってその近代化路線を継承した明治政府とも一線を画し、自立的知識人の道を歩み始める。そのことは、『学問のすゝめ』(一八七二―七六年)、とくにその四編「学者の職分を論ず」に鮮明にされている。すなわち福沢は一国の文明を発展させるためには、政府だけでなく、政府の外に立つ自立的知識人の活動が重要であることを説き、その役割を福沢自身が率先して引き受けることを表明している。そのような決意にいたる過程で、福沢は日本の状況を次のように分析している。「方今我国の文明を進むるには、……人に先つて私に事を為し、以て人民の由る可き標的を示す者なかる可らず。今此の標的と為る可き人物を求るに、農の中にあらず、商の中にあらず、又和漢の学者中にも在らず、其任に当る者は唯一種の洋学者流あるのみ。然るに又これに依頼す可らざるの事情あり。……其所業に就き我輩の疑を存するもの尠からず。其疑を存するとは、此学者士君子、皆官あるを知て私あるを知らず、政府の上に立つを知て、政府の下に居るの道を知らざるの一事なり。畢竟漢学者流の悪習を免れざるものにて、恰も漢を体にして洋を衣にするが如し。……方今世の洋学者流は概皆官途に就き、私に事を為す者は僅に指を屈するに足らず。……只管政府に眼を着し、政府に非ざれば決して事を為す可らざるものと思ひ、これに依頼して宿昔青雲の志を遂んと欲するのみ。世に名望ある大家先生と雖どもこの範囲を脱するを得ず。……唯世間の気風に酔て自から知らざるなり。」

そこで福沢は単身自ら決起し、自立的知識人の範を世に示すことを決意する。これは福沢が困難に際会した場面で、しばしば示す強烈な個人主義とそれに裏づけられた単独行動主義である。それは次のように表現されている。「我国の文明を進めて其独立を維持するは、独り政府の能くする所に非ず、又今日の洋学者流も依頼するに足らず、必ず我輩の任ずる所にして、先づ我より事の端を開き、愚民の先を為すのみならず、亦彼の洋学者流のために先駆して其向ふ所を示さゞる可らず。今我輩の身分を考ふるに、其学識固より浅劣なりと雖ども、洋学に志すこと日既に久しく、此国に在ては中人以上の地位にある者なり。……世の人も亦我輩を目するに改革者流の名を以てすること必せり。既に改革者の名ありて、又其身は中人以上の地位にあり、世人或は我輩の所業を以て標的と為す者ある可し。然ば則ち今人に先つて事を為すは正にこれを我輩の任と云ふ可きなり。……我目的とする所は事を行ふの巧なるを示すに在らず、唯天下の人に私立の方向を知らしめんとするのみ。」

そして福沢は自立的知識人の存立する拠点を、かつて自らが属した旧幕府の蕃書調所のような権力機構に付属する施設ではなく、自ら設立した慶応義塾や同時代の知識人たちの自発的意思によって結成された明六社のような権力から独立した民間団体に求めた。福沢は明六社を母胎として文部省が支援する東京学士会院（帝国学士院・日本学士院の前身）が設立されると、一旦はそのメンバーとなり、初代会長に就任するが、政府からの援助を厭い、会員の自助努力（「年金」の返上）によって独自の財源を形成し、それをもって独自の事業を行うことを主張した。しかしそのような意見は他の会員の支持を得られず、短い在任期間で福沢はメンバーから退く。

日本近代の形成過程において、重要な要因であると思われるのは、幕藩体制の末期に全国的規模で簇生したさまざまな「社中」と呼ばれる組織を原型とする知的共同体である。これらの地域や身分を越えた「社中」の内部および相互のコミュニケーションの中から、期せずして新しい公共観念が醸成されてきたのである。これが新しい政治社会をつくる前提条件となったと考えられる。政治思想史家松沢弘陽は、『福翁自伝』に付した注の中で福沢の近代観における「社中」概念の重要性を指摘し、「『社中』は近代の自発的結社を意味する福沢社会論の鍵概念である」と強調する（松沢弘陽校注『新日本古典文学大系　明治編10　福沢諭吉集』岩波書店、二〇一一年）。

ここで日本近代の社会的萌芽としての「社中」の実態をこの上なく綿密に描いた文学作品として、「史伝」といわれる森鷗外晩年の一連の大作、たとえば『渋江抽斎』、『伊沢蘭軒』、『北条霞亭』といった諸作品に注目したい。これら諸作品は永井荷風のような一部の例外は別として発表当時から必ずしも高い評価は受けず、後年石川淳のようにこれらを鷗外文学の最高峰として高く再評価する場合もあったが、今日にいたるまで決して多くの読者に迎えられたとはいえない。和辻哲郎などは鷗外が渋江抽斎のような歴史の底に埋もれた江戸時代の無名の学者をわざわざ掘り起こし、その生涯と時代を明らかにすることに晩年の情熱を注いだ理由を理解することができなかったのである。和辻が見出したものは、ただ鷗外の「冷たい好奇心」のみであった。

しかし鷗外を「史伝」に導いた動機は、そのような傍観的・消極的なものではありえない。そのような動機では、鷗外が「史伝」に注いだ情熱を説明することはできない。もちろん「史伝」の題名となった個々の人物そのものへの関心が先ずあったことは事実である。しかしそれはあくまでも「史伝」の導入部である。全体としての「史伝」は、幕藩体制末期の文明や学問の実相を描くことにより、鷗外自身が代表者の一人であった明治の文明や学問に対する自己批判を試みたものであったように思われる。たとえば鷗外は渋江抽斎の嗣子で、福沢門下の啓蒙的社会学者・教育家であった渋江保をその父と対比し、「其書は随時世人を啓発した功はあるにしても、概ね皆時尚を追ふ書沽の誅求に応じて筆を走らせたものである。保さんの精力は徒費せられたと謂はざることを得ない」と記している。これは、もちろん『渋江抽斎』の執筆に全面的に協力し、その面で鷗外が負うところの大きかった渋江保個人の著作活動を貶するための否定的評価ではない。それは渋江抽斎とその嗣子との間の文明的・学問的断絶に対する鷗外の価値判断の反映である。その意味で旧体制晩期の文明を描いた『渋江抽斎』以下の一連の史伝は、明治日本の文明を代表する鷗外自身に対する自己批判でもあり、日本近代が何を実質的基礎としているかを示唆しているというのが私見である。

もちろん史伝の個々の作品それぞれの文学的価値については、評価は一様ではない。共通しているのは、幕末に地域・身分を越えて「社中」という形態で全国的に存在していたさまざまな知的共同体の実態を、鷗外はこの上なく綿密な実証的作業を積み重ねながら、描いているという点である。その意味では個々の作品に題名として冠せられた人物は、さまざまの知的交流において重要ではあるが、媒体にすぎない。これらの人物に例外的な知的独創性を期待する者は、和辻哲郎のように失望し幻滅する。しかし逆にそこにこそ鷗外の史伝の画期的意義がある。つまり新しい政治的な公共性の形態が、幕末に藩の枠組を越えた「処士横議」といわれたような政治的なコミュニケーションを通じて出てくるのであるが、それには前提条件があった。それがドイツの社会学者ユルゲン・ハーバーマスがヨーロッパについて指摘した「政治的公共性」に先立つ「文芸的公共性」(Literalische Öffentlichkeit) の確立である。それは共通の古典によって結ばれるなどの、知的関心の共有によって生まれる。鷗外の「史伝」は、期せずして日本における「政治的公共性」の前提条件としての「文芸的公共性」の存在を実証しているのである。福沢が学んだ緒方洪庵の適塾なども実質的意味で日本における「文芸的公共性」の形成に貢献したといえよう。こうした「文芸的公共性」の回路から、頼山陽の『日本外史』のように、次に来る「政治的公共性」の観念を表現する作品が生まれた。『伊沢蘭軒』や『北条霞亭』に隠見する頼山陽は、彼に対する鷗外の否定的評価にもかかわらず、日本における「文芸的公共性」と「政治的公共性」とを媒介した独自の歴史的役割を実感させる。

「史伝」の諸作品の中でも文学的評価が必ずしも高いとはいえないのが『北条霞亭』であるが(それは石川淳の評価に見られるように、渋江抽斎や伊沢蘭軒と比較しての北条霞亭の人物に対する評価に関係しているように思われるが)、それにもかかわらず、『北条霞亭』という作品は、日本における「文芸的公共性」を形成した幕末の知的共同体の実態を見るために非常に重要な作品であると考えられる。この中に先進的外科医であった華岡青洲などが出てくるが、北条霞亭と華岡青洲とはもちろん専門の違いはあるにせよ、両者は専門の違いを越えて、あるいは地域の違いを越えて、相互尊敬によって成り立つ知的共同体というべきものに属していたことを知るのである。その実態を、鷗外の情熱的ともいうべき考証を通して見ることができよう。そのような知的共同体の全国的な広がりが、やがて生まれ来る新しい政治的共同体（すなわち国民国家）の母胎であった。

以上に指摘したように、維新後の福沢の「公共性」観念は、旧体制末期の「文芸的公共性」を構成する最も基本的な契機となった「社中」に由来する自発的社会集団に根ざしていた。その典型が慶応義塾や明六社であった。丸山の場合には、福沢にとっての慶応義塾や明六社は青年文化会議、思想の科学、二十世紀研究所などがそれに相当するであろう。

四　戦後民主主義のヴィジョン

「重臣イデオロギー」（とくに一九二〇年代の前期イデオロギー）は旧体制における求心力の一つであった。それは旧体制におけるデモクラシー的要素を統合し、体制を全体として安定させる役割を果たすアリストクラティックな要素であった。すなわちそれは時代の変化に対応し、「天皇主権」を実効あらしめる体制イデオロギーであった。天皇が統治するという国家の神話を合理的に説明し、具体的な政治的現実（たとえば複数政党による政党政治）に結びつける役割を果たした。福沢の「帝室論」や美濃部達吉の「天皇機関説」はその具体的表現であった。「重臣イデオロギー」は「元老」と呼ばれた維新世代の天皇側近が天皇代行としての求心力を持ちえた限りにおいて政治的に有効に機能した。

戦後民主主義において、旧体制における「重臣イデオロギー」に相当するもの、それに代わりうるものは何か。人民が統治するというデモクラシーの理念を実効あらしめるものは何か。この問題は天皇統治についても終始問い続けられた問題であり、天皇が統治するということは具体的に何を意味するのかという問題は、当時の憲法学者にとっても政治学者にとっても重大な難問であった。それと同じように、今日、人民が統治するというのは、具体的に何を意味するのかという問題は、決して説明に容易な問題とはいえない。アレクシス・ド・トクヴィルはデモクラシーの安定化のためには何らかのアリストクラティックな要素が必要と考えたが、丸山はデモクラシーの理念を実効あらしめるためには、「ラディカルな精神的貴族主義がラディカルな民主主義と内面的に結びつくこと」の必要を唱えた。それは旧体制における「デモクラシー」(「民本主義」)のために、吉野作造が「憲政の本義を説いて其有終の美を済すの途を論ず」において打ち出した命題、「政治的民本主義は精神的英雄主義と渾然相融和するところに憲政の花は見事に咲き誇るのである」とほとんど同じであった。

丸山が重視した「精神的貴族主義」と「民主主義」との関係は、新渡戸稲造の「武士道」と「平民道」との関係(旧い貴族道徳と新しい道徳的デモクラシーとの関係)とも共通するものがある。両者は結びつくことによってそれぞれを再生させ、または強化することができるからである。丸山は、真の貴族のいないところでは真のデモクラシー運動は起こらない、擬似デモクラシーで社会が満足しているから、と述べている。自由は必然的に貴族的であるとも述べている。そしてデモクラシーにとっては「社会的権威」(social authority)というものが重要だ、「社会的権威」が革命によって粉々に壊れてしまった後では、原子化された個人しか残らない、「社会的権威」が個人の自由の砦として重要なのだと指摘している。

丸山は一九五〇年代末に「戦後民主主義」には「sublime(崇高な)ものがない」と語ったことがあった。それがおそらく「ラディカルな精神的貴族主義」であったと理解することができる。丸山の「戦後民主主義」批判の最大の理由はそこにあったと考える。

五　デモクラシーにおける「少数者」の概念の重要性

丸山は「精神的貴族主義」と「民主主義」とを結びつけるものを何に求めたのか。それが丸山の「少数者」という概念である。つまり丸山にとっては「少数者」は「精神的貴族主義」の主体であると同時に「民主主義」の主体である。丸山は一九六〇年代初頭、ある機会に「歴史をつくるのは少数者ですよ」と語ったことがあったが、その場合の「少数者」がそれに相当する。

丸山にとって民主主義は単なる「多数者支配」ではない。「多数者」は一体性を持った抽象概念(the majority)としてではなく、さまざまの「少数者」(複数の minorities)に分節化して具体的に捉えられなければならない。つまりその意味の rule of the minorities として「民主主義」を捉える必要があるというのが丸山の「民主主義」観であったと考える。

そのような丸山の「民主主義」観から導き出される帰結が民主主義における「自由」の本質的重要性である。民主主義における「自由」は、民主主義の基本単位としての「少数者」の存在に由来している。だからこそ、さまざまの「少数者」を束ねる求心力、「ラディカルな精神的貴族主義」を体現したリーダーシップが民主主義の死活に係わる重要性をもつのである。その意味で丸山の「戦後民主主義」批判は、ちょうど第一次世界大戦後のドイツにおける「戦後民主主義」批判（「指導者なき民主制」批判）として打ち出されたマックス・ウェーバーの「職業としての政治」と共通する面を持っているように思われる。

六　「戦前民主主義」（またそれを脱自由主義化した戦中民主主義）への批判としての丸山の「戦後民主主義」

以上に述べたような民主主義における「少数者」の本質的重要性という丸山の視点は、戦前の日本の民主主義に対する丸山の批判がもたらしたものと思われる。つまり丸山の旧体制批判は、「重臣イデオロギー」に向けられただけでなく、旧体制の一部であった「民主主義」にも向けられていたのである。その批判の帰結が丸山の「戦後民主主義」であった。いいかえれば、丸山の「戦後民主主義」は「戦前民主主義」およびそれを脱自由主義化した「戦中民主主義」批判を伏在させていたのである。

戦前の日本にも、もちろん「民主主義」はあった。ポツダム宣言にいう「民主主義的傾向の復活強化」はその存在を認知したものである。ポツダム宣言を起草したアメリカ国務省の当局者は、日本の「戦前民主主義」を占領政策の前提としていた。丸山はこれを批判の対象としたのである。

戦前の日本において支配的な「民主主義」観は、「多数者支配」であった。それは「少数者の権利」に媒介されない「多数者支配」であった。そのような「民主主義」観が政党内閣の下で一方では男子普通選挙制を成立させると共に、他方では治安維持法をも生み出した。丸山が構想した「戦後民主主義」は、戦前の「民主主義」――ナチズム・ファシズムやスターリニズムのような「全体主義」と和合しやすい体質を持った「民主主義」、時として「少数者」の意思を無視する「多数者支配」の「民主主義」、すなわち「多数の専制」(tyranny of the majority) に転化しやすい「戦前民主主義」――に対する明確な反対命題であった。

七　丸山の「戦後民主主義」概念の今日的意味

丸山の「戦後民主主義」概念は、「精神的貴族主義」を内面化した「民主主義」の主体としての「少数者」、いいかえれば「能動的人民」(active demos) をいかにして造り出すかという現在および将来の日本や世界の民主主義にとって最も重要な問題を提起している。

丸山には「少数」に分節化されない「多数」(mass) に対する強い抵抗感があった。つまり大衆民主主義に対しては一貫して懐疑的であり、批判的であった。「個人の自立性を脅かすのは国家権力だけではない。大衆自身の集団的な力がそれを脅かす」とも述べている。これはおそらく「戦前民主主義」から発現した大政翼賛会に象徴される「戦中民主主義」の体験に起因するものと思われる。

今日の裁判員制度は、「市民の司法参加」を通じて民主主義を実際に機能させる「少数者」としての「能動的人民」を造り出す可能性をもつ政治制度として見ることができる。丸山の「戦後民主主義」概念に沿う政治制度の一つであろう。

しかも今日の「少数者」は単に国内的な存在ではなく、国際性をもっている。かつて国際性をもった「少数者」は例外的ではあったが、「戦前民主主義」(吉野作造の主導した「民本主義」)の一要因でもあった。それら「少数者」は中国や朝鮮の知識人グループとの対話を怠らなかった。そして今日の日本に通ずる国際民主主義の基盤をつくった。これは民本主義運動の画期的な歴史的意義である。そのような「少数者」を主体とする「民主主義」はもはや「一国民主主義」ではありえない。

冷戦後二〇年を超える年月を経た今日、激しい世界的な経済的社会的変動が同じ規模での政治的変動に及ぼうとしている。それは、明治一九年当時の先進的知識人であった徳富蘇峰が同時代のヨーロッパを通して認識した世界の現実とそれに適応すべき日本の将来への見通しと一面で共通するものがある。「彼の欧州なるものは、其昔時に於ては政治社会を以て生活社会を支配したるに係らず、今や其生活社会の進歩よりして政治社会の進歩を促し、経済世界の交際を以て政治社会の割拠を打破り、生産機関を以て武備機関を顚覆するは早晩避く可らざるの命運と云はざる可らず」(『将来之日本』)。

しかし今日の我々はもちろん明治一九年当時の徳富蘇峰がもっていたような「将来之日本」についての確固たる見通しを立てることはできない。現在のヨーロッパは当時のヨーロッパとはまったく逆に、未曾有の信用の収縮と不安に慄いている。その深刻な影響が日本にも及び、今日誰も説得力をもって「将来之日本」を描くことはできない。日本は現在「第二の戦後」に遭遇している。六七年前の敗戦によって日本は幕末以来の「富国強兵」路線の破綻に直面し、「強兵」路線を放棄した後に追求してきた「富国」路線が今や重大な試練に立っている。丸山眞男に倣って「第二の戦後」に適合する独自の「民主主義」を構想するしかない。

5　丸山眞男の政治理論
――一九五〇年代の状況との関連とその普遍性――

はじめに

戦後日本の政治学にとって、その再出発のマニフェストともいうべき記念碑的論文「科学としての政治学」（一九四七年）において、丸山眞男は政治学者の内心における「理念としての客観性」と「事実としての存在拘束性」との二元的対立とそれらの間の相剋を政治学者の宿命として指摘している。丸山によれば、政治学者にとって、認識の主体とその対象との間には不断の互換があり、政治学者はその認識対象である現実に「実存的に、すなわちその全現存在をもって、その感情と意欲と思考とをもって包み込まれている」（ヘルマン・ヘラー『国家学』第一部第二章第五節）事実、すなわち「事実としての存在拘束性」をまず承認する必要を丸山は強調する。「政治的世界では俳優ならざる観客はありえない。……その意味では学者が政治的現実についてなんらかの理論を構成すること自体が一つの政治的実践にほかならぬ」というのが丸山の見解であった。丸山によれば、政治においては認識作用自体によって、客観的現実が一定の方向付けを与えられるのである。

丸山が後に提示した政治における「アクター」という概念は、認識の主体であるとともに、その対象でもある。政治学者が政治学者として「アクター」の役割を担っていることはいうまでもない。しかし政治学者はそれを拘束する政治的現実に職業政治家などと同じように関わることは許されない。丸山によれば、職業政治家がもっぱら外面に顕れる具体的な効果を追求するのに対し、政治学者を内面的に導くものは、常に「真理価値」でなければならない。そのために政治学者は政治的効果に優先して、「理念としての客観性」を追求しなければならない。

丸山眞男の政治理論は、具体的な政治状況に実存を賭けて関わり、敢然として「事実としての存在拘束性」を引き受けながら、そのことを明確に自覚し、認識の客観性を極限まで追求した成果であった。そこには時代の刻印とともに、時代を超えて今日にまで生き続けている学問的意味を認めることができる。本稿は、一九五〇年代における丸山の政治理論の試みについて、それが丸山自身のいうように「一つの政治的実践」でありながら、それを通して高い一般性をもった政治理論（半世紀後の今日の政治状況に対しても、驚くべき精度をもって妥当する政治理論）にまで到達しえた所以を考えたい。

一　背景と動機

丸山眞男の政治理論の試みは、一九五〇年代に集中している。それは同時代の状況の中に丸山の政治に対する切実な理論的関心を触発し、喚起するものがあったからである。

一九五〇年の朝鮮戦争勃発前後の日本および世界（とくに米国）の状況の変化は、丸山に深刻な危機感を抱かせた。米国においてはあらゆる領域において、反共を名分とする偏狭なアメリカニズムへの同調を強制するマッカーシズムの猖獗《しょうけつ》があり、占領下の日本においては、米国本国のマッカーシズムによって直接間接に促進された占領軍主導のレッドパージをはじめとする思想信条の自由への権力介入が進行していた。丸山は「一九五〇年末の日本の状況を眺めるとき、ひとは到る所、あらゆる職場において恐怖の蔭を読みとらないであろうか」と記し、当時を「恐怖の時代」と形容している。

「恐怖」は一つの局部にとどまらず、他の局部にも波及し、全面化していた。権力もまた「恐怖」に対する「恐怖」にとらえられていた。そしてそれぞれの「恐怖」は「想像」によってさらに強められていた。丸山はこれを「恐怖の悪循環」と呼び、それは「単に循環にとどまらず、幾何級数的に拡大再生産されて行く」と説明している（「恐怖の時代」一九五〇年）。

しかもこの「恐怖」は、丸山によれば新しい「ファシズム」の酵母であった。丸山は後に「ファシズムの諸問題」（一九五二年）という論文の中でこの「恐怖」に触れ、ナチス党員としての経歴をもつH・ラウシュニングの『ニヒリズムの革命』の中の一文、「われわれの時代の誘惑は、本来堪え難いものを、ただヨリ悪いものの到来を恐怖するあまりに受け入れることである」を援用しながら、「恐怖にとりつかれた人間は自ら作り出した幻影におびえる。歴史はイリュージョンが現実を産んで行く幾多の例を示している。……ファシズムこそはまぎれもない恐怖の子であり、またその生みの親なのである」と指摘している。

丸山はかつての「ファシズム」が崩壊した後も次の「ファシズム」が出現する可能性を否定せず、反革命と戦争のための体制をつくり出す「強制的同質化」が行われ、その結果として「画一性の支配」が形成されるならば、それこそ「ファシズム」であることを明言している。この時期に丸山が「ファシズム」論を重視したのは、単に歴史としての「ファシズム」への関心からではなく、「ファシズム」を同時期の日本および世界の差し迫った問題として認識していたからである。

以上のような一九五〇年代の状況認識に基づいて、丸山は「ファシズム」を阻止する広汎な国内政治連合および同じ目的のための国際政治連合を成立させるための戦略戦術とその根拠を提示することを試みた。反ファシズム国内政治連合の範型となったのは、一九三〇年代のヨーロッパの人民戦線であった。丸山は「ナショナリズム・軍国主義・ファシズム」(一九五七年)の中で、「労働組合組織の統一行動……の基礎のうえに左は共産党から右はブルジョア立憲政党までふくみ、さらに知識人中間層の諸組織を広汎に糾合した人民戦線を結成する方式……はそれ自身今日まで原則的な妥当性をうしなってはいない」と述べている。このような人民戦線のイメージにおける新しい国内政治連合は、日本社会の現実の中でそれぞれのアクターが果たしている具体的な政治的役割についての経験的考察に基づいて構想されたものであり、それぞれが掲げる主観的なイデオロギーを理由とするものではなかった。それは政治的判断における「高度プラグマティスト」としての丸山の立場からの結論であり、したがってそれはベストの選択ではなく、あくまでベターの選択の結果であった。

しかし事実としてかつての人民戦線は成功しなかった。丸山の構想する新しい「人民戦線」は、もちろんそのことを教訓としていた。丸山が「戦争責任論の盲点」（一九五六年）において政治における責任倫理を明らかにする観点から、共産党に対してファシズムや帝国主義に対する「最も能動的な政治的敵手」としての責任、すなわち「日本政治の指導権をファシズムに明け渡した点」や「隣邦諸国に対しては侵略戦争の防止に失敗した点」についての結果責任、その意味の「戦争責任」を認めることを求めたのは、人民戦線の失敗の原因が何であったかという問題意識から発していた。丸山にとって新しい「人民戦線」に共産党を含める以上、かつての人民戦線が日本において不成立に終わったことに対する共産党の固有の責任を明らかにすることが必要であった。

さらに丸山は反ファシズム国内政治連合が有効な抵抗力を持ちうる「不可欠な条件」として「民衆のあいだに自発的な――必ずしも直接に政治的でない――小集団が多様に形成され、相互間の自主的なコミュニケーションが活発におこなわれること」を挙げた。そして国内政治連合の共通の旗印として「思想・言論・集会・結社の自由の擁護」を掲げ、「いつ、いかなる場合でも統一行動の最低にして同時に最高の綱領でなければならない」と強調した。

丸山は一九六〇年の政治学講義（『丸山眞男講義録』第三冊）において、アクターの政治的態度と状況との関連について、L・ローウェルらの図式による説明を試み、とくに「革命期」と「反動期」とについて独自の仮説を提示しているが、一九五〇年代の丸山の関心は、日本の敗戦後の「革命期」がいかにして一九五〇年代の「反動期」に移行していったのかという問題にあったのであり、「反動の概念」（一九五七年）という論文は、そのような問題意識をもって書かれたといえるであろう。その中で、丸山は

B・コンスタンによりながら、「理念に対する反動」と「人間に対する反動」とを区別し、「人間に対する反動」は「たとえ最初の起動が旧体制派にあったとしても……それはあらゆる党派をまきこみながら自己肥大を遂げて行くのがその本来の傾向なのである」と指摘している。そしてそれが各党派間に「恐怖」を煽りながら、結果として「自由の一般的喪失」をもたらす危険を孕んでいることをも強調している。すなわち「ファシズムとの闘争」において「個人的人権の問題を大衆・プロレタリアート・民族・人類というような類的人間の中に埋没させる『進歩的』考え方」が批判されているのである。ここに丸山が一九五〇年代の日本の「反動期」における反ファシズム国内政治連合の最小限かつ最大限綱領として形式的普遍的な「市民的自由」を掲げた所以があった。

丸山の反ファシズム国内政治連合の構想が現実に実を結んだのは、一九六〇年の安保改定反対運動である。丸山によれば、同年五月一九日の衆院における強行採決によって争点は単純化され、安保改定条約の実質的得失よりも、議会制民主主義そのもののあり方をめぐる対立に集約されることとなった。すなわち争点は実質的特殊的なものから形式的普遍的なものへ移行したのである。ここにおいて一九五〇年以来丸山が反ファシズムを目的として主張してきた形式的普遍的な自由民主主義の理念によって統合される広汎な国内政治連合の構想が具体的現実となったのである。それがその後の日本に及ぼした政治的および精神的影響は、おそらく今日想定されているよりもはるかに大きいと思われる。

以上のような人民戦線を祖型とする国内政治連合の構想は、同じ目的を有する国際政治連合の構想と対を成していた。それを打ち出したのが「三たび平和について」第一章・第二章（一九五〇年）である。

これはもちろん当面の東西対立によって直接的な軍事衝突の可能性を孕んだ国際緊張の緩和のための提言であったが、「個々の方策よりも、むしろもっと一般的な観点とかなり長期的な見透しの上に立って、〔東西の〕『並存』をより高度化するような契機をとりあげる」ことを目的とするものであった。ここで丸山が強調したのは、「米ソ両国が直面する共同の危険」、とくに冷戦下において米ソ両国が共に「牢獄兵営国家」化の道を歩み、その結果として内部からファシズムを再興させて行く危険であった。「今日においてファシズムの危険は決して過去のものではない」と丸山は警告する。そしてその危険を孕むものとして、米国に対しては自由民主主義の軍国主義化の可能性を、ソ連に対しては独裁の半恒久化の可能性を指摘する。反ファシズム国際政治連合は、米ソ両国にとっての「共同の危険」に対処するためのものであり、したがって第二次世界大戦下の米ソ協調の復活とそれを支える国連における大国間協調の維持強化が反ファシズム国際政治連合の基礎的条件であった。そして丸山はその理念的目的を、フランス革命後相互に背反した「自由」と「平等」との再結合に求めた。

以上のような意味における米ソ協調の再確立のために、丸山は双方のリーダーおよび国民に対して、それぞれの体制イデオロギーを超えて、具体的な政治状況に処する「政治的思考方法」、とくに「政治的リアリズム」を要請した。「『スターリン批判』における政治の論理」（一九五六年）は、とくにソ連共産党に対してその固有の思考方法を批判しながら、「政治的思考方法」の必要を強調したものであった。それは日本の反ファシズム国内政治連合を組織化するためにも最も重要な条件であった。こうして一九五〇年代における丸山の政治理論の試みは、「政治的思考方法」とは何かを明らかにするために、政治の認識論の問題に最重点をおいたのである。

二 内容と意味

反ファシズム政治連合の基本綱領が形式的普遍的な「市民的自由」の擁護に求められたように、その組織化の理論が同じく形式的普遍的な「政治的思考方法」の理論に求められたのは、丸山が形式的普遍性の尊重こそが反ファシズム政治連合の結成と維持にとって最も重要であると考えたからである。もちろん丸山は抽象性・一般性のレヴェルの高い「政治理論」の現実処理能力の限界は熟知していた。しかし現実を操作可能なものとして把握するためには、理論による現実の透明化と単純化が必要であった。音楽や文学に対して深い享受能力をもつ丸山は、政治に対しては音楽や文学に対する審美的態度ではなく、理論的態度を貫いた。この点では「政治的ロマン主義」を厳しく批判し、「政治的なるもの」に対して徹底した理論的態度をもってその概念を追求したカール・シュミットと共通するものがあった。

丸山の政治理論の試みは、まず政治過程を権力過程として把握し、それをモデル化することに始まった。紛争解決の過程としての政治過程において、「制裁力を背景として紛争を解決する能力」としての権力が生産され、再生産される過程、即ち権力過程を中心とする政治理論（丸山のいう「純粋政治学」）を組み立てようとしたのである。支配関係の確立、その正統化、そして組織化の各段階を経て、権力が形成され、権力による諸価値の再配分によって紛争が解決される過程とそれを通してさらに権力が拡大または縮小再生産される過程とをさまざまの歴史的例証によって理論化しようとした試みが『政治の世界』（一九五二年）であった。それは政治過程を統治過程、すなわち governmental process としてとらえる政治分析の第一段階、ならびに政治過程を統治構造と政治・社会諸集団との相互作用の過程、すなわち political process としてとらえる政治分析の第二段階に即した政治理論の試みであったといえよう。

その後丸山は権力概念において、実体概念と関係（機能）概念とを区別した。前者は制度化され、組織化された権力、すなわち人間の「自己疎外」の原基的形態としての権力概念であり、後者は権力を具体的な人間関係に還元し、相互間のイメージの交錯による権力の相対性と動態性を重視する権力概念である。『政治の世界』において提示された権力過程モデルは、どちらかといえばマルクス主義の権力概念に近い、実体概念に即したものであったのに対して、その後の丸山は権力を関係概念としてとらえることによって、統治者のみならず被統治者についても、政治の認識論を問う問題関心を触発されていったといえよう。

この問題関心に基づいて、丸山の政治理論は大きく展開した。それは政治過程に対して人格の内面から接近する方法的試みであり、自我と環境（イメージ化された「擬似環境」）との相互作用に焦点を合わせる政治分析の第三段階に属するものであった。それは政治の認識論的解明の試みといってもよいであろう。

これによって丸山の政治理論においては、一般市民が政治主体として登場するにいたった。従来の

「官僚の政治学」、「革命の政治学」さらに「職業政治家の政治学」に対して、新たに「市民の政治学」が始まったのである。それは「一般市民が自分を政治に関連づける方法」を追求する政治学であり、「市民の日常的立場からの操作的な政治学」である。その場合の「市民」とはオルテガ・イ・ガセットが「新しい野蛮人」として排撃した「大衆的人間」に対立するものであり、政治を含む文化を体現した総合的人間であった。その意味の「市民」の政治的主体性を保障するものが「政治的思考方法」であるというのが丸山の見解であり、それを明確化することに丸山の政治理論の目的があったといえよう。

政治の認識論的課題、すなわち政治の認識（判断）はいかにして成立するのか、その客観性はいかにして得られるのかという問題に取り組んだ丸山は、そのような問題に有効に対処しうる「政治的思考方法」を「政治的リアリズム」として提示した。それは総じて政治状況をアクターの具体的な行動との関連においてとらえる観点をとる。人間を具体的状況における役割に即してとらえるとともに、政治過程を特定の役割を担う政治主体の決断の集積としてとらえ、それに関わる政治主体の責任を問う。組織も組織化過程として政治主体の具体的な行動に還元し、イデオロギーも凝固した「自己同一性」において見ず、アクターとフィールドとの関係において、またアクターの間の相互作用との関連において見る。

このような意味の「政治的リアリズム」に必要な能力は、距離を置いて状況を見る能力、状況を全体として把握する能力、具体的には状況について、視点と時点を変えて、二重・三重のイメージをもち、それらを重ね合わせることによってイメージのゆがみと偏りを修正しながら、状況を複合的文脈的な全体として認識する能力を意味する。それは想像力とユーモアによって、ステレオタイプや「公式主義」

のような「観念による自己疎外」から回復する能力である。それは丸山が深く学んだ福沢諭吉の「複眼主義」といいかえてもよいであろう。長期的な歴史的展望をもちながら、現実の緊急な課題に処する福沢の哲学は丸山にとって「政治的思考方法」の最良の範型であった。

丸山の政治の認識論への関心は、ホッブズからロックを経てルソーに至って完成される近代国家の政治理論が近世認識論の発展と密接な関連をもって形成され、その過程で政治主体としての君主の役割を市民の役割へと旋回させた論理的展開への注目に発している。丸山の政治理論は一九五〇年代の状況に応答しながら、長期的な歴史的展望をもってヨーロッパの政治理論が行った作業を戦後日本について政治の認識論の構築を通して行おうとしたのである。「偏向を通じて真理をさぐりあてる以外に道がない」という丸山の命題は、あらゆる政治理論の試みに妥当するといえよう。

6　二人の「学者政論家」
——吉野作造と大山郁夫——

日本における行政学の先駆者となった蠟山政道は、第一次世界戦争期の自らの青春に最も深い知的影響を及ぼした学者として、吉野作造と大山郁夫の二人の名をあげている。蠟山のような第一次世界戦争の戦後世代の学者にとって、吉野および大山は政治学の分野に現れた最も輝かしい新しいタイプの学者であった。すなわち蠟山は両者について、一九二三年に刊行された大山の著書『政治の社会的基礎』の書評の中で、「わが国の社会思想界は、はじめて学者にして同時にポピュラー・エクスポーネントたる者を得たと言ってよい」と書いている。要するに蠟山は両者を日本における最初の「学者政論家」と見たのである。

総合雑誌の共同性

「学者政論家」としての両者は、第一次世界戦争期から戦後の一九二〇年代においてメディアとして急速に発展した総合雑誌の読者層を、新しい政治学に基づく現実分析と政治改革の主張によって深くとらえた。彼らは同時期の高等教育の普及に伴って影響力を拡大した総合雑誌を通して、学界を超えた知識人社会（当時のことばでいえば「読書社会」）の先導者・組織者の役割を果たしたともいえよう。当時の総合雑誌は、政治・経済のみならず、学術・教育から文学・美術にも及ぶ多面性をもっており、しかも多面的な関心を共有する読者層の共同性によって支えられていた。総合雑誌の「総合」性は、そのような記事の多面性と読者の共同性との結びつきにあった。総合雑誌の執筆者としての吉野や大山はスペシャリストとしての政治学者というよりも、専門や職業にかかわらない読者の多面的な関心に応えるジェネラリストとしての知識人であった。

両者の立論の基礎となったそれぞれの政治学には共通する新しさがあった。それは政治を国家ではなく社会そのものによって基礎づけたことである。したがって両者ともに国家が消滅しても、人類とその社会がある限り政治は消滅しないと考えた。つまり人類を政治的動物とし、国家的観点からではなく人類的観点から政治をとらえようとしたのである。そしてそのような観点から現実の日本の政治を分析し、もっぱら国家の必要に応ずる日本の政治がいかに社会の必要から遊離しているかを指摘した。

吉野による政治の非権力化の追求

吉野は政治を人類の社会生活を維持し発展させるために、それを統制し秩序づける「客観的支配関係」として意味づけ、それによっては実現されない人類の自由への要求との不断の緊張によって政治は進歩してゆくものととらえる。そして秩序と自由（あるいは権力と倫理）との究極の一致を政治の目標とする。いいかえれば政治と道徳との一致を永遠の理念として掲げる。彼の唱えた「デモクラシー」の最大の意義は、その最終的な決定主体である「民衆」の道義的判断能力の行使によって「政治生活と道徳生活との乖離」を埋めることにあった。吉野が「デモクラシー」を正常に機能させる要因として最も重視したのは、「民衆」の政策的判断能力よりも道義的判断能力であった。吉野にとっては、権力は社会生活の統制原理としては唯一のものでも最高のものでもなかったのであり、政治の非権力化、すなわち道徳化こそ政治の進歩の方向であった。「デモクラシー」の発展は、そのような方向に向けて政治の変革を促進するであろうと吉野は信じた。吉野が日本における「デモクラシー」の原理を模索しながら、同時にクロポトキンのアナーキズムの理想に深く共感し、「政治家は、常に必ず無政府状態を理想とすることを忘れてはならない」と述べている所以は、吉野の政治観にあった。

大山の多元的国家観

大山もまた吉野と同様に社会を政治の主体と見たが、大山の場合には国家が多元的な社会集団によって構成されているという認識に基づいて、それらの社会集団の動向を通して国家をめぐる政治現象の意味をとらえようとした。それらの社会集団の形成・成長・変転および相互間の交渉、すなわち大山のいう「集団過程」を通しての政治現象の観察が大山の方法であった。これは国家と社会とを同一視する

「一元的国家観」に対して、英国その他のヨーロッパ諸国において台頭した「多元的国家観」に基づく当時の最先端の政治理論に依拠したものであった。大山はそれを「我国の現状に適用し得べきもの」と見たのである。大山によれば、政治における「集団過程」の重要性の増大は、「現代〔一九二〇年代初頭〕の世界のほとんど全部を通じて普遍的に現われてゐる傾向」であったのであり、「それは現在の我国をも例外にしてゐない」と見たのである。そして「集団過程」を始動させる最大の要因である「組織された利害関係」のなかで、大山が最も重視したのが「階級対立関係」であった。それは大山の政治学において当然にマルクス主義の政治分析の基本概念である「階級闘争」に決定的意味を与えることとなった。この点はマルクスではなくクロポトキンに親近感を示した吉野と対照的であり、理想と現実との緊張関係のなかに政治の真理を求めた吉野と現実の科学的分析に徹しようとした大山との違いをそこに見ることができる。

「学者政論家」として出発した両者は、ともに一九二〇年代の新しい政治勢力として台頭した無産政党に深く関わることによって、大山は労働農民党委員長および代議士として政治のアマからプロへ転身し、アマにとどまった吉野も政治教育者として社会民衆党そして社会大衆党の結成に大きな役割を果たすことによってプロに対しても政治的影響力をもった。しかし大山は一九三二年に米国に亡命の地を求めて日本を去り、吉野は一九三三年にこの世を去ることによって両者は一九二〇年代の日本と運命をともにしたのである。

7 日本の政治学のアイデンティティを求めて

——蠟山政道の政治学の模索——

はじめに

敗戦後の政治学の再出発に当たって、丸山眞男は「科学としての政治学——その回顧と展望」（一九四七年六月）[1]において、「他の社会科学の華々しい復活に対して、我国の政治学は極言すれば、『復活』すべきほどの伝統を持っていない」と慨嘆し、「今日の政治的現実に対しては、我国のこれまでの政治学の体系や問題設定は、ほとんどまったく方向指示の能力を持っていないのである。」と批判した。丸山によれば、「科学としての政治学」の伝統が形成されなかったのは、敗戦前の日本の政治学が日本それ自体の政治を対象として、問題を設定し、方法を開発することがきわめて少なかったからである。「ヨーロッパの学界でのときどきの主題や方法を絶えず追いかけているのが、わが学界一般の通有する傾向であり、……このわが国の学問のもついわば宿命的な弱さを集中的に表現しているのが政治学である。」というのが当時の丸山の認識であった。

このような状況をもたらした原因の一つは、政治学の母体としての政治社会そのものにあった。そこでは議会が最終的な国家意思の決定主体ではなかったために、社会諸集団を巻きこんだ、議会の多数の獲得を目的とする公然たる権力闘争を伴う、本来の意味の政治過程は展開されなかった。また天皇に近接する実質的な政治権力は、「一切の科学的分析の彼岸」に置かれた。政治学の貧困をもたらした政治の貧困について、丸山は、「そもそも日本の政治的現実において政治学的把握の対象に値すべき何が残るであろうか。ヨーロッパの政治学や国家学の内容をなしているような政治権力の発生、構造、妥当根拠、といった根本問題は、少くとも具体的な日本の国家を対象としては、何一つ真に科学的に取り扱うことが出来なかったわけである。」との見解を示す。

もちろん政治学の貧困は、政治学自体のあり方にその原因があった。丸山は、旧来の政治学の一般的傾向について、次のように指摘する。「政治学者たちは、もっぱら方法論——それも多分に方法論のための方法論——的論議に終始したり政治概念の定義に腐心したりするか、或いは国家乃至政治現象について、ヨーロッパの政治学の教科書にならって抽象的な解明をほどこす事に甘んじ、それを具体的な日本の政治に関連させる事を避けていたのである。」

ここで言及されている「方法論」や「政治概念」が日本の政治学の主要な学問的関心の対象となったのは、ある特定の時期においてであり、しかもそれは日本の政治学が最も発展を遂げた第一次世界戦争後の一九二〇年代（政党内閣期）にとくに集中したのである。この時期は、丸山のいうように、敗戦前においては「我国で政治学の著書が一番多く出た時代」であり、一部の政治学者によって同時代の日本の政治の学問的分析が行われた時期であったが、その時期においても、日本の政治学の焦点は日本の政治の現実にはなかったのである。この時期の日本の政治学にも少なからぬ影響を与えたマックス・ウェーバーの社会科学方法論など(2)を通して、「現実科学」の概念に対する日本の政治学者たちの関心は強かったが、「現実科学」を現実化しようとする試みは、余りにも少なかった。

しかも注目すべきことは、「方法論」や「政治概念」に多大な学問的情熱を注いだ政治学者たちの大部分は、当時の若い世代（主として一九二〇年代に研究者として出発した世代、その意味での一九二〇年代世代）であったということである。数少ない同時代政治分析を試みたのは、むしろそれよりも旧い世代（主として一九一〇年代に研究者として出発した世代、その意味での一九一〇年代世代）であった。概括的にいえば、学問的には前者は第一次世界戦争の戦後世代であり、後者は日露戦争の戦後世代であったといえよう。

丸山の「科学としての政治学」は、敗戦前の日本の政治学を全体として問題としているので、以上のような世代的区別をしていないが、なぜ二つの世代において学問的関心が異なったのか、とくになぜ一九二〇年代世代があえて「方法論」や「政治概念」に没頭したのかという問題は、敗戦前の最も生産的であった時期の日本の政治学の学問史上の意義を考えるには重要である。

以上のような敗戦前の日本の政治学に対する丸山の全面的な批判に対して、全面的な反批判を試みたのが、敗戦前の日本の政治学を担った有力な政治学者の一人である蠟山政道の著書『日本における近代政治学の発達』（一九四九年六月）(3)である。その中で蠟山は丸山の批判の「或る程度の真実性」（とくに政治社会の未成熟を反映した政治学の未成熟の指摘）を認めながらも、「『政治学』と現実の政治とが相交渉しつつ発展したというようなためしがない」という丸山の指摘に対しては、これを肯定していない。「日本における近代政治学の発達は、各時代を背景としてそれぞれの時代的制約を受けつつ一定の交渉をもってきているのである。ことに大正時代に至ってからは現実の政治情勢を反映し、その把握に努力しきたった幾多の政治理論の展開の努力がなされてきたことは認められねばならないであろう。[4]」と蠟山は反論する。また「我国の政治学は……『復活』すべきほどの伝統を持っていない」という丸山の指摘に対しては、「この狭い近代政治学の系譜に属するものの中にも、なお多くの顧らるべき伝統の存することが認められねばならぬ。[5]」と反論した上で、丸山がとくに批判の標的とした「政治概念」の定立をめぐる論争（まさに蠟山自身が一方の当事者であった論争）についても、それが行われた理由は、「政治は『国家的現象』に限られない、ことを実証するために、根源的な政治概念の探究がなされたのであって、……それから始めて政治権力とその機能の究極的源泉を明かにする障碍が除かれ、新らしい科学的方途が拓けてくるからである。[6]」と説明している。

注目すべきことは、蠟山は「復活」すべき日本の政治学の「伝統」を狭い意味の「近代政治学」のみに求めてはいなかったことである。現に蠟山は「全体としての日本の政治的現実に照応する政治学的思惟の表現」として、「近代政治学」の他に、ドイツに由来する国家学、マルクス主義、さらにはファシズム（あるいは「民族的神話に基づく日本的政治学」）をも挙げているのであり、「いわゆる近代政治学の系譜に属するもののみを孤立的に取り出すならば、今日の日本はその復活すべき伝統すら持っていないという批評は当っていよう。しかし、その批評はやや機械的な考察に傾き過ぎているのであって、その復活すべき『伝統』なるものは、そうした三者を対立または混在せしめた過去の日本の政治学的思惟の全体の由ってきたる根本状況そのものでなければならない。[7]」と書いている。この蠟山の見解を正確に理解することは必ずしも容易ではない。しかし明白なことは、この蠟山の見解には、蠟山自身の「近代政治学」（とくに彼のいう「講壇政治学」）への批判がこめられているということである。

本論文は、蠟山の先行世代である日露戦争の戦後世代によって形成された一九二〇年代の「近代政治学」（当時の「科学としての政治学」）に対する蠟山の批判の基本動機を明らかにし、それが一九三〇年代において蠟山自身の「現代政治学」の構想へ展開していった過程を明らかにすることを試みる。そしてそれを通して、日本における政治学の学問的自立性（他の諸学問からの自立性と他国の政治学からの自立性）を追求した一つの企図が同時代の内外の政治変動に対応しながら、いかに展開し、挫折したかを追跡したい。それは、第二次世界戦争後の日本の「科学としての政治学」が意識的および無意識的に何を前提として出発したかを明らかにする上で重要であるばかりでなく、今日も依然として独自性と普遍性、自立性と依存性とのディレンマを内在させながら、学問としてのアイデンティティを求める日本の政治学の将来を考えるためにも意味があるといえよう。

本論文の主題に関する先行業績としては、第一に松沢弘陽教授の論文「社会主義と自由民主政——大正デモクラシーから民主社会主義まで」（松沢弘陽『日本社会主義の思想』筑摩書房、一九七三年、所収。原題「民主社会主義の人びと」思想の科学研究会『共同研究　転向（下）』平凡社、一九六二年、所収）がある。これは最も先駆的であり、また最も本格的な業績であって、今日においても全くその学問的価値を失っていない。松沢論文は単に蠟山政治学の展開を最も精細に追跡したに止まらず、それを通して一九二〇年代から一九五〇年代に及ぶ日本の「デモクラシー」イデオロギーの解明に寄与するところがきわめて大きかった業績である。本論文は資料的にも内容的にも松沢論文に付加すべき大きな価値をもたないが、蠟山政治学の成立および変容を一貫する「近代政治学」批判に着目し、それが単なる同時代の学問および政治の現実への適応を意味するだけでなく、日本における政治学の学問的自立を求める志向と結びついていたという仮説を提示した点に若干の特色があるといえるかもしれない。

また蠟山政治学をその行政学に即して解明することを試みた先行業績として、田口富久治教授の論文「蠟山行政学の一考察」(田口富久治『日本政治学史の展開』未来社、一九九〇年、所収。日本行政学会編『行政学の現状と課題(年報行政研究一七)』ぎょうせい、一九八三年三月、初出)がある。既に一九二五年の『政治学の任務と対象』に明らかなように、蠟山においては行政は政治の重要な機能であり、両者は不可分の一体であった。この観点から、蠟山行政学を最も精細に分析したのが田口論文である。本論文もまた蠟山政治学の最も大きな特色の一つである政治における行政の位置付けの重要性に注意を払っているが、蠟山行政学それ自体は対象としていない。田口論文は日本政治学史に関する一連の業績の一環であり、蠟山政治学の行政学的側面を対象とした先行業績として読まれるべきものである。

以上の業績に加えて、特筆しなければならないのは、西尾勝編『蠟山政道著作目録』(蠟山政道追想集刊行会、一九八三年)である。これは、編者の学問的良心を強く感じさせる最良の著作目録の一つであり、それ自体が学問的業績というべきものである。

一　一九二〇年代の「科学としての政治学」への批判と「概念政治学」への志向

蠟山の学問的出自は、もちろん一九二〇年代の「近代政治学」にある。同時代の大山郁夫、吉野作造、さらに長谷川如是閑らによって体現された「科学としての政治学」の強い影響を受け、彼らによって方向づけられた「デモクラシー」の政治学を蠟山は志向した。「科学としての政治学」という概念は、大山郁夫らによって一九二〇年代の「近代政治学」がその嚮導概念として鋳造したものであった[8]。しかるに蠟山の政治学は、まさにこれら日露戦争の戦後世代によって導かれた「近代政治学」への批判から出発した。一九二五年の『政治学の任務と対象――政治学理論の批判的研究』は、政治学の学問的自立性の理論的根拠を求める政治学方法論の展開を通して、政治学固有の方法的自覚に乏しい、あるいは厳密な方法論を欠いた既成の「科学としての政治学」を批判したものであった。蠟山は一九二四（大正一三）年に発表した論文「我国に於ける政治概念の類型的発展[9]」において、明治以来の日本の政治学の学説史的整理を試みている。この学説史的整理は、敗戦後の『日本における近代政治学の発達』の第二章、第三章に若干の補筆修正を経て、ほとんどそのまま踏襲されている。すなわち蠟山によれば、これまで大別して、二つの学派があった。一つは、「実証学派」である。政治の現実の把握に勝れ、社会学、経済学、歴史学その他の隣接科学との接触を重視し、「科学としての政治学」の内容・実体の形成に貢献するところの多いものである。第二は、「解釈学派」（『日本における近代政治学の発達』では「国家学派」と改められている）である。法律学（あるいは国法学）の内部から成長したものであって、法律学（国法学）本来の概念を援用しながら、政治学の形式・意味を明らかにしていったとされる。国家学の内部から、政治学を分立させていったブルンチュリやイェリネックの系列に属するものと見られる。

しかるにこれら二つの系列に対立するものとして登場した第三の系列が、「批判学派」（『日本における近代政治学の発達』ではこの名称は抹消されている）である。これはとくに新カント派哲学の立場に立って、政治の概念構成を行い、明確な政治学の方法論的自律性を確保しようとするものである。蠟山自身はこの系列に属し、第一、第二の系列を批判した。蠟山は自らの系列を、あえて「概念政治学」と呼んだ。法律学においては、まさに「概念法学」が批判され、それからの離脱がさまざまの方法で試みられていた同じ時期に、当時の新進の政治学者たちは、逆に彼らの行くべき道を「概念政治学」に求めたのである。

このような当時の日本における法律学と政治学との位相の違いは、日本における二つの学問のそれぞれの発展段階の違いによるというよりも、二つの学問それ自体の本質的な違いによると考えるべきであろう。すなわち普遍性を求めて、非日常言語による概念構成を優先させる法律学と、より多く日常言語に密着して、特殊性をもつ事実の説明を優先させる政治学との違いがそこに見られると理解できよう。敗戦後丸山によって「多分に方法論のための方法論」と批判されたものは、一九二〇年代において、先行する政治学の二つの系列に対して次世代の政治学者たちが行った批判の産物としての「概念政治学」であった。「概念政治学」は「概念法学」とは異なり、当時の政治学における新しい波であったのである。

第一の系列の学者たちの中で、蠟山が最も強い影響を受け、最も深く尊敬したのが、大山郁夫と如是閑長谷川万次郎であった。したがって第一の系列への批判の照準は、大山、長谷川に合わせられた。蠟山によれば、長谷川は『現代国家批判』(一九二一年)[10]に明らかなように、国家を全面的に社会学的に考察し、それを通して日本においてはじめて、社会学的な政治概念を提示した。すなわち国家を社会生活を維持する手段としてのさまざまの制度の一つとみなし、政治を社会が必要とする制度としての国家をもたらす動因として意味づけた。それは国家が不断に社会化される必然性をもつとした点で、伝統的な国家概念の批判としてはきわめて明確な意味をもつものであった。しかし政治それ自体は征服・被征服の関係を基本的形式とするものとされ、人類の社会的協同性に反するものとして、否定的消極的な意味づけが与えられているにすぎない、と蠟山は批判した[11]。

大山のいう「科学としての政治学」もまた、社会学的政治学である。そこでは政治の主体として「社会群」が措定され、国家は諸「社会群」の闘争の結果、優位を占めた「社会群」の権力組織として説明される。蠟山によれば、大山の場合も国家の社会学的概念は明確なのであるが、それと区別された明確な政治概念が確定されていない。すなわち大山の社会学的政治学においては、政治は長谷川の場合と同様に征服・被征服の関係を出るものではない。蠟山が大山の最初の著書『政治の社会的基礎』(一九二三年)の書評[12]に書いているところによれば、大山は「政治学を社会学の一分科だと見るのが正当だと考えてゐた」のであり、大山がこの著書において強調した「科学としての政治学」は「国家生活及び政治現象の上に働きかける社会進化の法則の科学的認識から出発しなければならないものであるが、其社会の法則の科学的認識は、既に社会学によって着手されてゐるもの」であった。[13] 要するに長谷川、大山ともに、「科学としての政治学」のキー・コンセプトとしての積極的な政治概念を前提としていないというのが、蠟山の「実証学派」批判の要点であった。この点では、蠟山は同じ「実証学派」に属する杉森孝次郎の著書『国家の明日と新政治原則』(一九二三年)における独自の積極的な政治概念の提示を高く評価し、政治に対する国家の関係が十分に論理的事実的に解明されていない点に問題はあるが、その点を除けば、「余は氏の政治概念に満幅の賛意を表するものである。」と述べている。[14] 事実として杉森の政治概念は、政治の目的を社会そのもの(「人間協力」)に置き、それを維持し発展させるための「一派生的活動」としての組織化活動(「組織、統整、及び保導を与へる努力」)を政治の本質としてとらえている点で、後に見るように蠟山の政治概念と大幅に合致している。

以上に見たように、蠟山らが政治学方法論に学問的努力を傾注した一つの理由は、当時の社会学的政治学に対する批判、つまり社会学に対して、いかにして政治学の学問的独立性を確保するかという課題意識にあった。日本においては社会学は、社会進化論に基づくハーバート・スペンサーのそれに見られるように、明治一〇年代以来社会科学の一分科に止まらず、それ自体が「総合社会科学」の役割を果たしていた。[15] とくにそのことはスペンサー社会学についていえるのであり、たとえばそれは長谷川万次郎の学問の母胎となり、[16] さらに蠟山によって「解釈学派」に分類されていた東大政治学講座の初代担当教授小野塚喜平次にも強い影響を及ぼしていた。

小野塚もまた国家に対する社会の歴史的論理的先行性を主張するとともに、国家自体を社会の目的を達成するための手段としての一つの社会とみなした。すなわち小野塚はその政治理論の概略を叙述した最初の著書『政治学大綱』(上、一九〇三年)において「社会カ其生存ト発達トノ目的ヲ達セン為ニ強制的ノ法ヲ生シ法ヲ有スル点ヨリ社会ヲ見テ国家ト称ス法ト社会目的ノ到達トハ理想上ニ於テハ遂ニ一ニ帰シ国家ハ社会ノ為ニ成立スト言ッテ可ナリ」[17]という考察を提示している。したがって小野塚は国家の国家以外の社会に対する局部的(とくに経済的)影響力は認めながら、国家が個人の内面に介入し、それを通して社会の動向を全体として変えていくことは不可能であると見た。「国家ノ力ヲ以テ、換言スレハ外部ノ強制力ヲ以テ人心ノ内部ニ立入リ深遠ナル影響ヲ与ヘ従テ社会潮流ノ方向ヲ全然変更スルハ国家ノ企テ及フ所ニアラス」[18]というのが小野塚の見解であった。そのような見解に基づいて、小野塚は国家やそれを代表する政府、さらに君主の社会そのものに対する価値的優位を否定した。すなわち小野塚はその特有の知的廉直をもって、「一派ノ論者カ国家ヲ以テ社会ノ上ニ立ツト為シ君主制ヲ以テ特ニ社会各党派ノ上ニ立チ中正ヲ維持スルニ適スル制度ナリト主張スルモ是一箇ノ希望タリ理想タルニ止マリ此希望理想ハ不幸ニシテ実在ノ国家ノ常ニ達スルヲ期シ難キ所ナリ」[19]と揚言している。これは当年三三歳の新進政治学者が日露戦争前の明治日本において(あるいはそれに対して)、非国家主義的な自由主義的見地の極限を示したものといえよう。

小野塚はその政治理論の形成において、スペンサー社会学の影響を受けながら、社会を「有機体」とみなすスペンサーの理論を論理的根拠を欠くものとして強く否定した。その主要な理由の一つは、国家を社会の「脳」とみなし、国家を社会の唯一の意思の主体として位置づける社会有機体説の論理的帰結

(「社会又ハ其分子タル個人ハ事実上絶対的ニ脳力ヲ欠キ単ニ服従ヲ事トスルノ外ナシトノ論決」を伴う「極端ナル国家万能主義」)が国家や社会の本質に反すると考えた点にあった。[20] 実はスペンサー自身はその社会有機体説から、小野塚が想定したような「極端ナル国家万能主義」を引き出してはいない。スペンサーはこのような結論を回避し、逆に社会や国家ではなく、それを構成する個人を究極の意思の主体としている。この点は、従来さまざまの論者によって指摘されているように、社会有機体説の論理的帰結とは必ずしもいえない。したがって小野塚の社会有機体説批判は、スペンサー自身の社会有機体説の論理よりも自由主義的価値観を優先させた非論理的な転回によって、結論においてはスペンサーと一致したのである。一九〇五年一一月当時、孫文が主宰する革命運動組織である中国同盟会に属していた胡漢民がその機関誌『民報』(第二号)に、スペンサーの社会有機体説の強い影響を受け、清朝の存在を前提とする国家の強化のための改革を主張していた著名な知識人厳復を批判する論文を書いているが、それは小野塚の社会有機体説批判を全面的に援用したものであった。[21] それは、国家や国家を代表する政府及び君主に対して、中国社会全体の優位を主張する「民族主義」の立場からの革命論であった。

もちろん大正後半期の一九二〇年代においては、スペンサー社会学そのものは、もはや明治前半期においてもったような影響力は失っていたが、それが培った社会学の「総合社会科学」としての役割は、その後の社会学の発展によって補強され、政治学においてはなお長谷川、大山らの「実証学派」によって担われていた。その後大正末から昭和初頭にかけて、日本における「総合社会科学」は社会学からマルクス主義へと変わって行くが、蠟山らが政治学を独立させようとしたのは、当時なおその地位を保持していた「総合社会科学」としての社会学に対してであった。

第二の「解釈学派」は、蠟山によれば、国家の組織及び機関の分析解剖を通して、政治概念を構成することを試みた。いいかえれば、法概念を政治概念に改鋳することによって政治学の独立に貢献した。この系列に対しては、「解釈学派」の極点をきわめた吉野作造の「科学的政治学」に批判の照準が合わされる。「科学的政治学」によって基礎づけられた「民本主義」論は、「主権の所在」と「主権の運用」とを区別し、さらに「主権運用の目的」と「主権運用の方法」とを区別した上で、最終的に「主権運用の方法」として「民本主義」を定義した点について、区別されたそれぞれの概念の「内面的連関」の究明が不十分であった点で、「充分に科学的とは言へなかつた」と蠟山は批判する。[22] その限りで蠟山は社会主義者山川均らの「民本主義」批判の理由を是認する。[23] つまり蠟山によれば、何らかの「政治の目的」を立て、それを実現するための「強制組織」を国家とするならば、国家の「構成態様」とその「運用方法」との間には密接な関係がなければならないのであって、その関係を「自然因果的」に理解しようとするのが社会学的政治学であり、「目的選択的」または「価値関係的」にとらえようとするのが、蠟山らの「批判学派」の立場であると説明される。吉野の「科学的政治学」は、両者の関係を理論的というよりも、歴史的に解明しようとするところに正負両面の特徴があると蠟山は見る。蠟山は自らの学問的出発点であった「解釈学派」において、国家概念から独立した政治概念の定立に向かって「一エポック」を画したとする小野塚や、それを発展させ、「解決への端緒」を示した吉野のそれぞれの研究(小野塚における政治学を構成する二部門、すなわち「国家ノ事実的説明」を主とする「国家原論」及び「政策ノ基礎」を究明することを目的とする「政策原論」にそれぞれの実質を与えるヨーロッパ各国のさまざまの政治現象をめぐる比較制度的研究と吉野の「科学的政治学」を基礎づけるデモクラシーの必然的発展を実証する欧米政治史研究）の成果が新しい政治概念をもたらす十分な「論理的形式」にまで展開されていない現状を批判したのである。[24]

ところで「批判学派」は、蠟山によれば、政治の実在の問題よりも、その認識の問題により多くの注意を向ける。つまり政治の認識を実在の「模写」や「演繹」としてではなく、概念枠組によって成り立つものとしてとらえ、政治の概念枠組がいかにして構成され、また構成されなければならないかを究明しようとする。そのような政治学における「批判」的傾向は、新カント派の「価値的批判主義」によって直接に刺激されただけではなく、政治学に先立って「批判」的傾向を強めた法律学や経済学の影響であった。蠟山は法律学における先駆的事例として、「国家主権」の「絶対性」や「無限性」を「批判」的に再検討し、「国家主権」を国家生活を必要とする国民の能動的・受動的義務によって（支配の論理ではなく、服従の論理によって）根拠づけることによって、その相対性を明らかにしようとした牧野英一の国家主権論[25]や、法の妥当性を法意識に帰することによって制定法に対する非制定法の対等性を主張し、現実に適合する多角的な法概念の定立を説いた美濃部達吉の法源論[26]を挙げ、さらに経済学においては新カント派（西南学派）の概念枠組によって構想された「経済哲学」を基礎とする左右田喜一郎の「批判的理論経済学」を挙げている。そしてそれらが当時の政治学界（とくに新進の政治学者たち）に及ぼした影響について、蠟山は次のように書いている。「かくの如き法律学及び経済学に於ける批判的思潮の影響は、間接に政治学界に於ける斯方法の勃興を促す機運となつたのである。加之、政治学自身は一方法律学の支配を十分に脱却せず、他方新たに社会学の発達によつて、その領域を侵蝕され、又日進月歩の社会に発生し行く行政現象に対しては、その技術的性質の故に、これに触るるを得ないといふ状況であつて、その存在の理由を疑はるるも故なしとせない観があつたのである。自家存立の為めにも根本的にその固有の任務と固有の対象とに就いて理論的確立を必要とする境涯にあつたと言はなければならない。最近の政治学界に批判学派の起る、また故なしとせぬのである。[27]」このような当時の政治学が置かれていた状況について、蠟山は「英才に見捨てられたる政治学に於いて、経済学及び法律学に於けるが如き活潑なる論争の見受けられるの日は、果して何時であらうか。」と慨嘆した。[28]

以上のような学説史的検討を経て、蠟山が自らの政治学方法論と政治概念の定立を試みたのが、一九二五年に刊行された『政治学の任務と対象』である。蠟山は社会生活は自然科学的方法による因果関係の追跡によっては、真の意義を把握し尽くすことはできないとして、それを目的価値が実現していく過程としてとらえ、したがって社会科学の認識目的を社会生活に内在する文化価値の探究としてとらえる。そして左右田喜一郎が『文化価値と極限概念』（一九二二年）において、各特殊科学は、その学のすべての概念が還元せられる一つの先天的概念なくしては、その学の対象は形成されないと示唆したところにしたがって、政治概念の定立を試みる。何らかの政治的実体を想定し、その活動または発現として政治をとらえる実体概念やケルゼンが主張したような法（したがって国家）の規範的概念に相当する政治についての規範的概念を排し、オットー・シュパンなどの示唆を受けながら、何らかの目的を想定した職能的概念を採る。すなわち「政治」を、人的結合または協力関係をより高い次元の秩序に組織化する行為として定義する。[29]それはあらゆる「集団的個人」による「社会的行為」である。その場合「治者」と「被治者」とは「主客の関係」において、共に「政治」に関わる。蠟山は、「従来の政治学者が治者側の説明に専らであつて、その治者側の行為を促し、又は受け、更に之に対して反応する被治者側の作用に就いては、之を稍閑却する傾向あるは、政治の真相を闡明する所以でない。」と批判する。[30]また政治はその概念から「強制的行為」たる属性を有するが、その範囲は国家を超えるのであり、すなわち組織化の必要あるところに必ず政治は発生するというのが、蠟山の政治概念の含意であった。さらに蠟山によれば、政治の主体はかならず何らかの利益の主体であり、したがって政治社会の組織または機関の運用には「個人的もしくは階級的の利益搾取の伴うことが必然の結果である」と指摘する。[31]

以上のような「政治」の「概念的表徴」について、蠟山は「従来の通説の如く国家的実体を予想することなく、また自然法的規範を予想することもない」点を強調し、「その概念構成のコペルニカス的転向の自覚上に立てるものである。[32]」と自負した。

ところで「政治」を「目的」に対する「職能」(機能)として概念化した蠟山は、「政治社会」の概念を当然にそのような政治概念の系として提示した。蠟山の「政治社会」は「自覚者の結合」たる「目的社会」(Genossenschaft)であり、機能社会であった。それは、「種族や民族や国民等の自然概念を根拠とする歴史的共同社会」、とくに国家とは異なる概念であった。[33]蠟山はいう、「〔人格の〕犠牲を要求せず、その職分の為にのみ協同を要求する政治社会の姿を翅望する人は必ずや共同社会の概念を捨て、自覚者の結合たる目的社会に於いてのみ、その政治社会の論理的構造を認識するであらう。ゲノッセンシャフトこそは政治社会の内外に対する基本形式であらねばならぬ。そは統一的目的を有する連合制である。……主権を有する分権組織であらねばならぬ。[34]」したがって「共同社会」(Gemeinschaft)から「目的社会」への推移が歴史的政治社会の現実である。蠟山によれば、「人類意思の自覚の行程に於いて、共同社会より目的社会への無限の推移が行はれ、歴史的政治社会の革命の必然性が肯定されねばならぬわけである。[35]」

しかし蠟山によれば、このような「政治社会」の概念(およびその本源である「政治」の概念そのもの)は、決して強固な現実の裏付けをもった「実証的概念」ではなかった。それは学問上の方法論的反省から生まれた「一箇の指導概念」にすぎなかった。「人間の活動が単なる合理的意識によつてのみ導かれてゐない」以上、蠟山にとってそれは「矛盾概念であり、分裂思想たるを免れぬ」ものであった。[36]

しかしこの点について、当時の蠟山は楽観的であった。すなわち「指導概念」としての「政治社会」とその現実との「矛盾」と「分裂」とは、「矛盾と分裂とを自ら裡に包蔵する人類の内面的自覚の無限なる行程」によって克服されうるであろうと信じた。「惟うに、この人類の自覚の行程を精進することに於いてのみ人生の意義は生じ、その自覚の行程を信ずることによつてのみ学問は成立つであらう。」というのが、蠟山の予見であり、また信念であった。[37] しかし蠟山は結局次の一〇年間にその予見と信念とを維持することはできなかった。

二 「デモクラシー」の危機の政治学から「現代政治学」への転回

蠟山が提示した独自の「政治概念」を中心とする政治学方法論は、同時代の政治の分析に適用されることによって、蠟山独自の「デモクラシー」の政治学に結実すべきものであった。一九三三年二月に刊行された論文集『日本政治動向論』は、一九二二年以降約一〇年間に発表された国内政治および国際政治に関する論文を集めたものであり、「これらの諸論文が相集つて論及し指示してゐるところが量らずも現代日本の政治的動向に外ならぬ」[38]と著者の自負しているものであるが、その基本的なモティーフは一九二〇年代から三〇年代初頭にかけての日本における「デモクラシー」の現実の解明であった。

蠟山は一九三〇（昭和五）年一月のある論文において、「政治学界には不思議と我国の政治過程を対象とした立派な著作がない。」と書いているが、同時に「今日ほど我国の政治現象の研究家にとって稀有な機会はない」[39]とも書いている。蠟山の認識では、日本は今や政党政治の「第一期」から「第二期」へ入ってきていた。蠟山によれば、「現代日本の政治を特色づける」のは、一つは「普通選挙の施行によつて、大衆的政治運動の、殊にアジテーションの目的が失はれたことである。」そして「政治的行動の目標」が「アジテーション」から「オルガニゼーション」へ移ってきた。それに伴って、政党は党首よりも組織や機関が重要な役割を果たす段階に入っており、政党組織の官僚化と職業化が進みつつあると蠟山は見たのである。当時「政党の腐敗」として攻撃されていた一部の政党政治家による瀆職事件や疑獄事件も、政党政治の「第一期」に特有の政党の「オルガニゼーション」の未成熟（とくに「政治」の職業化の不徹底）を根本的な原因とするのであり、逆に「政党の腐敗」への攻撃が政党政治の「第一期」から「第二期」への移行を促進するであろうと蠟山は予測したのである。[40] その意味で、まさに蠟山の政治概念における「政治」（つまり「オルガニゼーション」）が日本においても本格的に現実化しようとしていたのである。したがってこの「第二期」に入った日本の政党政治の分析（および推進）こそ、蠟山自身を含む「批判学派」を中心とする第一次世界戦争の戦後世代の日本の政治学に課された任務であると蠟山は考えていたのである。

しかるに『日本政治動向論』の結論は、「デモクラシー」の危機であった。こうして一九三〇年代の蠟山の政治学は、計らずも「デモクラシー」の危機の政治学として始まる。『日本政治動向論』の「序」において、蠟山は「今日は必ずしも単に日本ばかりでは無く、一般にデモクラシーの政治理念に基く制度及び政策が危機にあり、殆ど停頓の状態にある。……当然にデモクラシーの再考察となり、議会制度の再検討とならざるを得ない。」との認識を示しているが、既に同書所収の一九三〇年代初頭（とくに一九三二年の五・一五事件以降）の諸論文には、もはや「デモクラシー」の政治学の問題意識は見られない。「デモクラシー」に代わって、「立憲主義」が一九三〇年代の蠟山の政治学を導く基本的価値となる。議会制度に代わるべき「立憲的独裁」の概念がこの時期に提示されるのも、蠟山の政治学の根底にある価値意識の変化を反映しているといえよう。[41]

蠟山の「デモクラシー」の危機の認識を胚胎させたのは、既に一九二〇年代から一部の論者によって唱えられていた欧米諸国の資本主義の変貌であった。とくに蠟山が注目したのは、夙にヒルファーディングが指摘した「組織された資本主義」の現実化である。[42]その場合、資本主義の組織化は「国民的」領域に及び、かつそれに限定される。蠟山によれば、ブハーリンもまた同じ現象を指摘しており、ブハーリンは戦時統制経済に端を発した資本主義の組織化は、戦後の「産業合理化」に及んだと論じた。ブハーリンによれば、それは資本主義を「国民的」領域に関する限り、「非合理的体系」から「合理的組織体」に変え、「主体のない経済」から「経済を営む主体」に変えた。[43]ここに見られる資本主義の変貌は、資本主義の組織化であると同時にその「国民主義」化であった。

蠟山は「組織された資本主義」の出現の政治的影響に注目した。蠟山は概略以下のように考えた。「組織された資本主義」は、資本主義そのものの内面的な組織力だけではなく、それを効率的に動かす政治組織を必要とする。それは国民経済を運営する「計画」の主体であり、また「計画」を実行するに足る「技術」の主体でなければならない。しかるに議会制度を媒介とする政党政治（従来の「デモクラシー」）は、「組織された資本主義」の必要に十分に対応しうるかどうかには疑義がある。それは政治的統合が求められているにもかかわらず、「求心的」であるよりも「遠心的」である。また「デモクラシー」が要請する「民衆の参加」と「組織された資本主義」が要請する高度の技術による「能率」とは背反的である。蠟山が政治の「技術的基礎」たる「行政」の重要性を強調した理由の一つはそこにあった。[44]

蠟山は新しく台頭した無産政党に対しても、その歴史的使命として産業政策、地方行政、さらに植民地行政等の諸分野において、「デモクラシー」と「能率」とを両立させることを求めた。その見地から、たとえば市政の改革を求める無産政党の運動は「政治運動」ではなく、市政の「経営」という「ビジネス」のための「社会運動」であることが望ましかったし、「技術的法則」をもつ裁判への「民衆の参加」を意味する陪審制に対しては懐疑的であった。[45] 一九二四年米国において、チャールズ・G・ドーズの主宰する委員会の提案に基づく財政制度改革の結果として予算局が設置されたことをもって、蠟山は予算議定権を実質的に議会から大統領に移したものと意味づけ、その観点から日本においては大蔵省による予算査定（歳出統制）の権限を強化すべきことを主張した。そしてそれを大蔵官僚出身の政党政治家である当時の浜口雄幸蔵相（護憲三派内閣）に期待した。[46] 以上のような諸意見はいずれも、政党政治下において「行政」の相対的独立性を確保することによって、「能率」ある「デモクラシー」を実現すべきであるとする蠟山の基本的な戦略的意見の表れと見るべきであろう。

しかるに「組織された資本主義」の政治的求心力たることを求められた日本の政党政治は、満州事変や五・一五事件に象徴される一九三〇年代初頭の相次ぐ内外からの衝撃によってその権威を大きく揺るがされた。それは蠟山のいわゆる「デモクラシー」の危機であった。「デモクラシー」の危機は、政治的求心力の強化の必要をますます高めた。それは蠟山には政党政治に代わる新しい政治形態の出現を促進しつつあるかのように思われた。しかもそのような状況は日本に限られず、「デモクラシー」の先進国にも及んでいると蠟山は認識した。英国においては、一九三〇年代初頭にオズワルド・モズレーに率いられた一派が労働党を脱党し、「社会ファシズム」運動を起こしたが、「計画的資本主義」を主張し、「戦時非常内閣」的な「独裁」を構想するこの運動を、蠟山は「組織された資本主義」に適合する政治形態を模索するものと見るとともに、英国の政党政治の転換を告げるものとしてとらえた。(47)そして蠟山はモズレーの「社会ファシズム」運動を孤立的局地的な少数の反動的政治運動ではなく、時代の支配的な潮流である「新国家資本主義」の論理を体現したものとみなした。蠟山の定義によれば、「新国家資本主義」とは「議会主義を拒否し、組織されたる少数者が経済政策の運用に当り、自由競争を制限して経済活動の計画的統制に当るもの」を指し、「その政治的領域が国民的である点と政策的運用が独裁的であること」を特徴とする。蠟山はソヴィエト・ロシアをもこの範疇に含めており、「今日のロシアの計画経済は、資本主義国家に行はれつつある変化の方向に、……刺激を与へる要素を有してゐるのである。……ロシアの存在と動向とはこのブルジョア国家の新国家資本主義への傾向と無関係ではないのである。」と述べている。(48)蠟山がソヴィエト・ロシアの五ヵ年計画を例にとって、「組織された資本主義」とソヴィエト・ロシアとが「その政治的領域の『国民的』なる点に於いて、又その規模の範囲が『一国内』である点に於いて」組織上および政策上の親近性をもっていることを指摘しているのも、同じ趣旨である。(49)

このような世界的な「新国家資本主義」の波は、モズレーのファシズムを生んだ英国においては、さらに続いて一九三一年の総選挙における労働党の惨敗とそれを受けた「挙国一致内閣」の成立をもたらした。それは蠟山にとっては経済的国際主義の凋落を意味するものであり、それに代わって「経済的国民主義が……あらゆる段階に於ける国家に通ずる大勢であること」を認めさせたのである。(50)そしてそれは「新国家資本主義」の台頭に伴う政党政治の変質の徴候とも見られたのである。また蠟山はドイツにおいて大統領の緊急令が議会不通過の政府案を成立させた事例をも同様に意味づけた。さらに日本において一九三一年一二月の政変を惹起した第二次若槻内閣内相安達謙蔵の「協力内閣」論（「挙国一致内閣」論）にも、以上の他国の事例との共通性を見出した。いずれも「デモクラシー」の政治的求心力の低下を、政党政治の再生によってではなく、それに代わる何らかの権力の主体を形成することによって食い止め、さらに高度の権力集中を実現しようとする企図であった。蠟山はこれを「立憲的独裁」という概念に集約した。それは最後の政党内閣となった犬養政友会内閣の下で、その前途に悲観的な見通しを立てた蠟山が立憲主義の枠組を前提としながら、議会に代わって「権威をもって決定し得る組織」を作り出すための概念であった。[51]すなわち蠟山は政党政治の黄昏の中で、議会主義か立憲主義かという二者択一を提示し、議会主義なき立憲主義に立とうとしたのである。

蠟山には「立憲的独裁」は欧米先進国間の共通の現象と見られた。ドイツ大統領の緊急令による統治、英国の挙国一致内閣に加えて、さらにニュー・ディール政策を進める米国の政治も「立憲的独裁」の事例として意味づけられた。「今や米国は（政府）に対して憲法上許されてゐる極度の独裁権を与へた。……私はこれに対して民衆的独裁といふ名を与へただけでは十分適当でない。寧ろ理性的独裁（dictatorship by reason）と名づけたい。」と一九三三年四月一七日付の『帝国大学新聞』所載の論文「恐慌対策としての独裁の意義」に蠟山は書いている。五・一五事件後の日本の斎藤内閣の使命は、蠟山によれば、まさに同時代の世界を貫く一般的傾向としての「立憲的独裁」の確立にあった。五・一五事件に先立って、犬養政友会内閣の下で蠟山が示唆したのは、「政党官僚の協力内閣による立憲的独裁[52]」であったが、五・一五事件を経て成立した「政党官僚の協力内閣」である斎藤内閣に対して蠟山が「唯一の道」として提言したのは、「議会に代るべき権威ある少数の勅令委員会」による「立憲的独裁」[53]であった。そこではもはや政党の役割は完全に否定されていた。

蠟山が「立憲的独裁」の緊急の必要を感じたのは、単にそれが世界の大勢であると認識したからではなく、日本においては「デモクラシー」の危機が、さらに進んで「立憲主義」の危機にまで深まることを危惧したからでもあった。蠟山の「立憲的独裁」の概念の根底には、「議会主義」の犠牲による「立憲主義」の防衛という政治的な目的意識があったことは否定できない。蠟山が「斎藤内閣はその政治的使命の達成の為めには、自己の出現を可能ならしめた事実の論理を一層徹底せしめ、いはゆる立憲的な独裁にまで進むに非ざれば、やがて自己を葬り去つて一縷残存してゐる立憲主義そのものをも破棄せしむる危機を招来するやも知れない[54]。」と書いているのは、「立憲主義」の防衛に賭ける切迫した危機感を表現したものといえよう。

同じ頃から蠟山はポスト・リベラリズム、あるいはポスト・ソシアル・デモクラシーのイデオロギーとして、すなわち「立憲的独裁」を根拠づけるイデオロギーとして「社会進歩主義」なるものを唱えた。蠟山は「立憲的独裁」の一つの典型とみなしたローズヴェルト大統領の統治下の米国の「ニュー・ディール」を推進するイデオロギーをも「社会進歩主義」と同一化した。蠟山は次のようにいう。「社会進歩主義は……自由主義と民主々義の古い経験と伝統を有する国々に於いて、その危機と破綻の襲来を防ぎつゝ、徐々として更生、再建の機会を待ってゐる場合に、過去を清算し、現状に応接しつつ、将来に備へてゐる場合の指導的精神を簡単に概念化したものに過ぎない。米国のスチュアート・チェースが『ニュー・ディール』の中で、赤黒革命の二途を排して第三の途と言へるが如きは、それに数へられるであらう。現に米国の新大統領ルーズベルトの『前途を望みて《ルッキング・ファーワード》』などに現はれた国家・政治・政策の諸見解の如きは、ジェッファーソン、ウィルソンの自由主義を蟬脱しつゝ、他方革命的情勢に充てる現階段に適応せんとするものである。[55]」

「社会進歩主義」は元来社会政策を指導する原理としての「政治哲学」あるいは「国家理論」として唱えられたものであったが、それは一方で国家の政策の統合性（およびそれを保障する権力の集中）を強調するとともに、他方で政治に左右されない行政技術を重視する。そこで「社会進歩主義」は「計画思想」と結びつく。蠟山によれば「この点は……社会進歩主義が古き自由主義や社会民主々義よりも、寧ろ現代に於いて発達するに至った政治思潮たる共産主義やファッシズムとその軌を一にする点である。[56]」

夙に蠟山は革命前の「争論家」、「煽動家」あるいは「学術家」としてのレーニンよりも、権力獲得後の行政家としてのレーニンを高く評価した。一九二四年当時、蠟山はレーニンについて次のように述べている。「彼れが責任ある政府の首班として、至難多艱なる荒海へ乗出せる船長として、その貴重なる経験に就て物語れる言葉の中に、単純なるマルクスの祖述者としてではなく、優れたる智慧と識見の所有者としての彼れを見出すのである。……政治論と国家論とに於て……徹底的なりし彼れも、一度行政論の領域に入るや……マルクスの論理よりも社会的事実の論理により多く従ふに至ったのである。[57]」

後に蠟山は「革命動乱期に於ける公式的理論」たる点において、また「権力技術の創造性」の認識においていいかえれば「法律」や「倫理」や「道徳」に対する「政治」の優位の主張において、「レーニズム」と「マキアヴェリズム」との親近性を指摘し、「レーニズム」を「現代に於けるマキアヴェリズム」とみなしたが、「社会進歩主義」もまた権力の集中と高度の行政技術による権力の効果的行使によって「革命的情勢に充てる現階段に適応せんとする」イデオロギーとして、これら二つのイデオロギーとの共通性をもつと考えたのである。もちろん蠟山は「レーニズム」や「ファシズム」と「社会進歩主義」との対立点をも強調しており、「社会進歩主義」が「レーニズム」や「ファシズム」と異なり、「個人及び団体の自由や発意」を「保障し奨励せんとする」点を挙げているが、それはあくまでも「個人及び団体の自由や発意が社会の進歩に役立つか否かを判断の基準として、それが肯定さるゝ限りに於いて」であった。[58][59][60]

しかし蠟山が唱えた「立憲的独裁」とそれを支えるイデオロギーとしての「社会進歩主義」は、「議会主義」とそれを支える「自由主義」および「社会民主主義」の放棄という意味で、蠟山の学問的出発点である一九二〇年代の政治学（「近代政治学」）からの離反であった。かつて一九二〇年代においては、蠟山は方法論によって「近代政治学」を批判したが、一九三〇年代においてはその内容（制度論、政策論、そして価値意識）において「近代政治学」を批判したのである。

一九三〇年代を経て、蠟山は完全に「近代政治学」を離脱する。一九三九年五月に発表された論文「国民協同体の形成」は、そのような立場を明確に表明したものであった。蠟山は「私は近代政治学の対象であった『国家』の概念に対して、現代政治学の対象として国民協同体の概念を置かんとするものである。[61]」と述べ、「近代政治学」のアンチテーゼとして「現代政治学」を対置した。蠟山によれば、「形成の原理であるよりは、むしろ維持の原理となってしまひ、作用の根本原理たるよりも機構制度の説明原理となってしまった」近代政治学は、「近代国家そのものの危機に当面して、学問的破産に逢着した。[62]」ここに蠟山の「近代政治学」批判は、「現代政治学」の構想において貫徹された。蠟山の「現代政治学」は、「国民協同体」、すなわち「『国家』よりも一歩深く根源的な意味における人間生活の存在形態たる民族又は国民に近接して、その意味又は目的の充実を確保すべき新秩序[63]」の形成を重要な課題とするものであった。この「国民協同体」が『政治学の任務と対象』において蠟山が打ち出した「政治社会」の概念、すなわち「自覚者の結合」である Genossenschaft（目的社会）としての「政治社会」概念に適合するのかどうかは問題であろう。

「国民協同体」概念においては、『政治学の任務と対象』において明確にされた「国家」と「政治社会」とを区別する観点の一貫性は見られるものの、そこで提示された「政治社会」概念、および「政治」概念からの離反は明らかである。松沢教授が的確に指摘したように[64]、論文「国民協同体の形成」に先立って、「国民協同体」概念の定立への予備作業となったのが論文「政治的統一の諸理論」（一九三五年九月―一〇月）であるが、そこでは既にかつての機能概念としての「政治」および「政治社会」概念に重大な変化（その実体化）が見られる。すなわちかつての「政治」概念においては、「政治」は人間の目的価値としての文化価値の実現の過程であり、文化価値の実現を目的とする「政治社会」の「組織化」の過程であった。「政治」もまたそれ自身の固有の文化価値としての「政治的価値」に根拠をもつが、「政治的価値」はそれ自身として妥当する目的価値ではなく、「利用価値又は手段価値に過ぎざるもの」であり、「従ってその現実的妥当又は具体的妥当を保証する組織及び機関の運用」の効果が問われる。(65)「政治」は政治的価値を超えるさまざまの文化価値を目的としてそれらの実現に奉仕する「機能」であり、「政治社会」は「機能社会」であった。

しかるに「政治的統一の諸理論」においては、「政治」および「政治社会」概念の「機能」性は依然として維持されながら、「機能」それ自体の意味に重大な変化が見られる。すなわち「機能」はその本来の「目的的側面」とともに、「存在的側面」が強調され、「一方に於いては一定の意味と価値とを具現すべき目的的行動とも見られると共に、他方に於いては一定の条件と原因の下に拘束される与件的存在と見做さるるのである。この両側面の統一的解明こそ機能概念の意義と役割であらねばならぬ。」(66)と意味づけられる。したがって「政治社会」は成員の共通の目的意識に由来する「協同的」性格のみならず、「社会的遺伝」によって与えられる「生物学的な有機的な要素」をもつものとしてとらえられる。(67)いいかえれば「機能」は措定された目的に対する手段の作用という意味に止まらず、「有機体」の器官（機関）の無意識的な作用という二重の意味をもつ「協同的有機的」概念に拡張されるのである。(68)初期の蠟山は「政治現象なり政治行動なりの背後に何らかの政治的実体を予想し、……その実体の活動、または発現として政治なるものを観察する」立場をとる「政治」概念を「機能概念」に対立する「実体的概念」と名付け、とくに「社会有機体説を始めとして、社会構造（組織）説、社会権力説等」を「自然主義的実体概念」として却けたのであった。

なお「政治的統一の諸理論」が公表された当時、美濃部達吉の憲法学説を「天皇機関説」として排撃の標的とする政治運動が猖獗をきわめていたことを想起すべきであろう。この論文の中で蠟山は「政治や国家の学問に於いて機能概念の使用を否定し、反対するものの理由を考へるに、二つの区別すべきものがある。その一つは、如何なる意味に於いても機能なる概念、従つてその把持者としての器官又は機関なる語を使用することに反対する絶対的反対論と、機能の具現する意味又は目的の性質に就いて誤謬を犯せる機能論に反対する相対的反対論とがある。政治学又は国家学上この区別は極めて重要である。」[69]と書いている。この論文には、天皇機関説反対運動に見られた「機能概念」に対する「絶対的反対論」への学問的抵抗が認められる。

こうして蠟山は「政治社会」を目的意識的な「組織化」の結果としてのみではなく、その背景にある「文化」に内在する「有機的統一への傾向」を成立要因として重視する米国の政治学者エリオット（W. Y. Elliot）の「協同的有機的理論」に強く牽引されるにいたったのである。[70]「国民協同体」は、まさにこのような「協同的有機的理論」に適合するものであった。

「現代政治学」によれば、「国民協同体」の政治組織は新しく構築されるべき「国民組織」であり、その政治原理は「立憲主義」であったが、その場合の「立憲主義」は「近代的な意味における立憲主義」ではなく、「日本の国体を中心とする国民の政治的形成の内在的原理の上に立てらるべきもの」[71]という特殊の意味を付与された。これは「政治社会」の「非合理的な環境的背景」とそれに内在する「有機的統一」を重視するにいたった蠟山の「政治社会」概念に由来するものである。そのような「政治社会」概念においては、「政治社会」を律する「立憲主義」の「道徳性」が強調される。(72) 蠟山は、「協同的有機的理論」によって修正された「立憲主義」こそ、「自由主義」や「民主主義」や「社会民主主義」に代わって政治的統一をもたらし、「全体主義」や「独裁主義」に対抗しうるものと考えたのである。(73)

また「現代政治学」は「地域主義」の原理を含むものであったのであり、これによって「現代政治学」は国家の領域を超えて、一定の地域をも対象とし、「国民協同体」間の「地域的運命協同体」の形成を「地域主義」の原理によって理論的に根拠づけることを試みた。「東亜協同体」の理論がそれである。これもまた、一九二〇年代の「近代政治学」の一環としての普遍主義的な国際政治理論に対する大きな修正であった。(74)

むすび

「現代政治学」はその嚮導概念である「国民協同体」および「東亜協同体」の崩壊によって、かつて蠟山が一九三九年に「現代政治学」の立場から「近代政治学」に対して宣告した「学問的破産」に逢着した。蠟山政治学の戦後は、蠟山が一九二〇年代以来一貫して追究してきた政治における「技術」性（政治的価値を目的価値ではなく、手段的価値と見る蠟山の「政治」概念に由来する目的合理性）の理論化の企図において、学問的意味をもったといえるであろう。それは、蠟山政治学がその行政学との不可分の関係を確立することによって達成した独創的な部分として評価されるべきものである。

しかしそれとは別に、蠟山政治学の軌跡が今日我々後進に深い感慨を起こさせるのは、「近代政治学」への批判を媒介とする「デモクラシー」の政治学から「デモクラシー」の危機の政治学、そして「現代政治学」への変容である。『日本における近代政治学の発達』は、一見して「日本における近代政治学」のための弁明であり、また事実その側面をもっていることは疑いないが、しかしその根底に深く潜在している基本的なモティーフは、「日本における近代政治学」への批判である。それは一九三〇年代に「現代政治学」を発想させた基本的なモティーフと同じである。

政治学に限らず、近代日本の新しい学問（欧米の学問に依拠する度合の大きい学問）は、しばしば学問的アイデンティティの問題に直面した。たとえば夏目漱石は日本の学者が英文学を研究することの意味を求めて苦闘し、普遍的意味をもつ文学理論を打ち立てようと試みた。『文学論』はその所産であったが、彼自身は、それを挫折した学問的企図と見た。作家としての漱石の原点には、その学問的挫折感があった。我々は、蠟山政治学において、ヨーロッパと日本、さらに日本とアジアとのディレンマに立って、日本の政治学の自立性の根拠（学問的アイデンティティ）を求めて、試みられた学問的企図の挫折を見るのである。

（1）『丸山眞男集』第三巻（岩波書店、一九九五年）所収。

（2）Max Weber, *Die »Objektivität« sozialwissenschaftlicher und sozialpolitischer Erkenntnis*, 1904. 富永祐

治・立野保男・折原浩訳『社会科学と社会政策にかかわる認識の「客観性」』(岩波文庫、一九九八年)七三頁。
(3) 蠟山政道『叢書名著の復興7　日本における近代政治学の発達』(ぺりかん社、一九六八年)。
(4) 同右、二七四頁。
(5) 同右、二七八頁。
(6) 同右、二七九―二八〇頁。
(7) 同右、二七六―二七七頁。
(8) 大山郁夫『政治の社会的基礎』一九二三年(『大山郁夫著作集』第四巻、岩波書店、一九八七年所収)一一二―一一八頁参照、また丸山眞男「大山郁夫・生誕百年記念に寄せて」一九八〇年一一月二〇日(『丸山眞男手帖』一、丸山眞男手帖の会、一九九七年四月所収)二一―一八頁参照。
(9) 蠟山「我国に於ける政治概念の類型的発展」(一)―(三)(『国家学会雑誌』第三八巻第九号・第一〇号・第一二号、一九二四年九月・一〇月・一二月)。
(10) 長谷川万次郎『現代国家批判』一九二一年(『長谷川如是閑集』第五巻、岩波書店、一九九〇年所収)。
(11) 蠟山「我国に於ける政治概念の類型的発展」(一)、前掲、一一―一六頁。
(12) 蠟山「大山郁夫氏著『政治の社会的基礎』に就て」(『国家学会雑誌』第三七巻第一一号、一九二三年一一月)。この書評の中で、蠟山は第一高等学校生徒であった頃から、雑誌『新小説』を舞台として活躍していた大山に私淑し、第二学年在学当時大山を自邸に訪ね、親しく教えを乞うたことを回想している。そして「かういふ事情にあるので大山先生の学問と思想に就ては、余は相当熱心に理解することに努めて来たのである。」と書いている。(同右、一三三―一三四頁)
(13) 同右、一三七頁。
(14) 蠟山「我国に於ける政治概念の類型的発展」(一)、前掲、二〇―二五頁。

(15) 社会学の「総合社会科学」的な影響力は、草創期の法律学にも及んでいたのであり、たとえば日本の法律学の先駆者であった穂積陳重は、「法律学の革命」という論文の中で、「法律学は社会学の一部なり」と述べている。(三谷太一郎「日本近代化とハーバート・スペンサー」一九八一年一〇月、三谷『二つの戦後』筑摩書房、一九八八年所収参照)

(16) 同右、九一頁。

(17) 小野塚喜平次『政治学大綱』上巻(博文館、一九〇三年)九二頁。

(18) 同右、九三—九四頁。

(19) 同右、九六頁。

(20) 同右、九五頁。

(21) 漢民「述侯官厳氏最近政見」『民報』第二号、一九〇五年一一月二六日初版、四頁、七—一二頁(中国科学院歴史研究所第三所蒐集『民報』合訂本一影印版、北京、科学出版社、一九五七年所収)。なおこの論文については、Benjamin Schwartz, *In Search of Wealth and Power: Yen Fu and the West*, 1964, Harper Torchbook edition 1969, p. 268, note 21(平野健一郎訳『中国の近代化と知識人——厳復と西洋』東京大学出版会、一九七八年、二六七—二六八頁、注(21))によって教えられた。胡漢民は小野塚の『政治学大綱』上巻、八二—八五頁等の関係箇所を援用している。但し小野塚の名を「平次郎」と書き誤っている。

(22) 蠟山「我国に於ける政治概念の類型的発展」(二)、前掲、一五三頁。

(23) 同右、一五四頁。

(24) 同右、一五五頁。

(25) 同右(三)、七三頁、牧野英一「憲法三十年——将来の法律に於ける進化的基調」一九一九年二月一一日(牧野『法律に於ける正義と公平』有斐閣、一九二〇年所収)二一八、二二四、二二八頁。

(26) 蠟山、同右、七三—七四頁、美濃部達吉「非制定法小論」(『法学協会雑誌』第二七巻第二号・第三号、一九〇九年二月・三月)一六二、一六四、一六六—一六七、一六九—一七〇、一七二、一七四—一七五頁(以上、第二号)三八七、三九四頁(以上、第三号)。
(27) 蠟山、同右、七五頁。
(28) 蠟山『政治学の任務と対象——政治学理論の批判的研究』(巌松堂書店、一九二五年)四六頁。
(29) 同右、一五九頁。
(30) 同右、一六〇頁。
(31) 同右、一六四頁。
(32) 同右、一六八頁。
(33) 同右、二八七—二八八頁。
(34) 同右、二八八頁。
(35) 同右、二八七頁。
(36) 同右、二八八頁。
(37) 同右、二八九頁。
(38) 蠟山『日本政治動向論』(東京高陽書院、一九三三年)一頁。
(39) 蠟山「総選挙に対する政党と大衆」一九三〇年一月(同右、所収)二九〇、二九一頁。
(40) 同右、二九一—二九六頁。
(41) 同右、二頁。
(42) 蠟山「『組織されたる資本主義』の政治的領域」一九三一年六月(同右、所収)四三五頁。
(43) 同右、四三七—四三八頁。

(44) 同右、三—四頁、四四三頁。
(45) 蠟山「我国に於けるデモクラシーの諸制度」一九二五年一月(同右、所収)九一頁、九二頁、「地方自治権と無産政党」一九二八年一〇月(同右、所収)二一九—二二〇頁。
(46) 蠟山「政党内閣と行政整理」一九二四年(同右、所収)二二七頁。
(47) 蠟山「『組織されたる資本主義』の政治的領域」前掲、四四一頁、「英国憲政の転換」一九三一年一二月(同右、所収)四五六頁。
(48) 蠟山「新国家資本主義と国際関係」一九三〇年四月(同右、所収)五一一頁。
(49) 蠟山「『組織されたる資本主義』の政治的領域」前掲、四四四頁。
(50) 蠟山「総選挙後の英国労働党と世界経済」一九三一年一二月(同右、所収)四五四頁。
(51) 蠟山「独逸議会の解散と大統領の独裁」一九三〇年九月(同右、所収)四六一—四六二頁、「憲政常道と立憲的独裁」一九三二年一月(同右、所収)四七一、四七二、四七四—四七五頁。
(52) 同右、四七四頁。
(53) 蠟山「我国に於ける立憲的独裁への動向」一九三二年七月(同右、所収)四七六頁。
(54) 同右、四七七頁。
(55) 蠟山「社会進歩主義の提唱」(『社会政策時報』第一五四号、一九三三年七月)二八一頁。
(56) 同右、二八五頁。
(57) 蠟山「レーニンの政治論より行政論」(一)(『社会思想』第三巻第三号、一九二四年四月)三四頁。
(58) 蠟山「マキアヴェリズムとレーニズム」一九三〇年一〇月(蠟山『日本政治動向論』前掲、所収)三一一頁。
(59) 蠟山「社会進歩主義の提唱」前掲、二八一—二八二頁。

(60) 同右、二八二頁。
(61) 蠟山「国民協同体の形成」『改造』一九三九年五月（蠟山『東亜と世界』改造社、一九四一年所収）四七頁。
(62) 同右、四二頁、四三頁。
(63) 同右、四七頁。
(64) 松沢弘陽『日本社会主義の思想』（筑摩書房、一九七三年）三三〇頁、注（111）。
(65) 蠟山『政治学の任務と対象』前掲、一六七頁。
(66) 蠟山「政治的統一の諸理論」（一）（『国家学会雑誌』第四九巻第九号、一九三五年九月）五頁。
(67) 同右（二）（同右、第一〇号、一九三五年一〇月）三九―四〇頁。
(68) 蠟山『政治学の任務と対象』前掲、一三一頁。
(69) 蠟山「政治的統一の諸理論」（一）前掲、六頁。
(70) 同右（二）、三〇頁、四四頁。
(71) 蠟山「国民協同体の形成」前掲、七一―七二頁。
(72) 蠟山「政治的統一の諸理論」（二）前掲、三六頁。
(73) 同右、四四頁。
(74) 松沢、前掲、二九八―三〇一頁、本書Ⅱ-8参照。

8　国際環境の変動と日本の知識人

序

本稿がとり上げる主要な対象は、満州事変勃発以降太平洋戦争開戦にいたる時期において、対外関係研究者としてアカデミック・サークルズおよびその周辺にあり、当時の日本社会に知的影響を与えた人々の専門的業績である。ここにいう対外関係研究者とは、広い意味のそれであり、従ってそれぞれの専門分野は多様である。またこれら研究者達の「専門的業績」は、必ずしも厳密な意味での学問的業績に限られず、それぞれの政治的主張をも含むものである。本稿は、このような広い意味の学問的所産の分析を通して、この時期のアカデミック・サークルズを中心とする知識人達が日本の国際環境の変動にどのように対応していったかを明らかにしたい。

ところで、この時期の対外関係研究の最大のテーマは、いうまでもなく中国問題であるが、中国問題は、日中戦争勃発の前後で二つの段階に分けられる。すなわち、日中戦争前においては、中国問題は主として満州問題としてとり上げられ、日中戦争勃発後においては満州問題をより一般化した「東亜新秩序」の問題としてとり上げられる。満州問題は、具体的には、満州事変の意味は何か、満州国の性格は何か、満州事変および満州国の成立は、日本の対外関係にいかなる影響を与えたかといった問題であり、これが日中戦争前の中国問題の最大の焦点であったことはいうまでもない。

ところが日中戦争勃発後、中国問題は満州問題から「北支問題」を媒介として文字通り全中国の問題となる。そして日中戦争の原因・性格が問題となるとともに、日中戦争によってもたらされるべき中国および中国を含む東亜の「新秩序」が研究者の関心を喚起する。

本稿は、まず第一に一九三一―三七年（日中戦争勃発前）の時期における満州問題に対するさまざまの専門分野からの、さまざまの価値判断に基づく学問的接近の諸類型を明らかにし、さらにそれがどのような展開の可能性をもっていたかをさぐる。

ついで日中戦争勃発後満州問題は長城線をこえて、中国本部を含む全中国の問題に拡大され、さらに中国以南の南方諸地域にまで波及していくが、このような状況をさまざまの専門分野の研究者たちがどのように解釈し、意味づけていったかを明らかにしたい。

なお、当時の対外関係研究を分析するには、次の二つの注意が必要である。一つは、いうまでもないことであるが、同時代の対外関係研究に不可避的にともなう資料的制約である。このことがこの時期の対外関係研究の学問的価値を制約する条件であることは否定できないが、しかしそれは必ずしもこれら諸研究の本稿にとっての資料的価値をも損なうものではない。本稿にとって重要なのは、当時の諸研究がいかなる資料を使ったかではなく、限られた資料をいかに使ったかであるからである。

第二に注意しなければならないのは、当時の研究者が等しく受けなければならなかった学問の自由、なかんずく表現の自由の制約である。たとえば、典型的な自由主義者であった外交史家清沢洌はその著書『日本外交史』の中で次のようにのべている。「満洲事変及びその後の経過を叙さんとするに及んで……そこには歴史を歴史として書くだけの冷静なる空気は存しない。……両者〔日中両国〕の主張と事実とを公平に提供することの可能性も限られてゐる。況んや事態を自由に解剖批判することができるものではない。だが同時にその事なくして歴史は生れない。……さうした事情に面して著者のなし得ることとは、許される範囲において最善の『事実』を提供することである。[1]」従って、このような制約の下に公表された当時の学問的業績および社会的発言を秤量し分析するに当たっては、一見さりげない事実命題の中にも重大な価値命題を見出す感受性が必要であり、また一見単純な価値命題の中に潜む複雑な含蓄を理解しうる洞察力が必要である。

一　満州問題——一九三一—三七年

満州事変以後急速な展開をみた満州問題に対して、アカデミック・サークルズにおいてもっとも敏感に反応したものの一つは、国際法学者のグループである。ワシントン体制（およびヴェルサイユ体制）を支柱とし、国際連盟によって統轄される国際法秩序を基本前提としてきた彼らにとって、それを根底から揺るがした満州事変および満州国成立は、彼らの学問体系そのものに対する深刻な衝撃であった。

従って彼らにとっては、まず彼らが前提する国際法秩序の中でいかに満州問題を処理するかが問題であった。これについて彼らの多くは、満州事変、それに続く日本軍隊の行動、さらに日本の満州国承認は、連盟規約、九ヵ国条約および不戦条約に象徴される現行国際法秩序に違反しないという立場をとった。たとえば、東京帝国大学の国際法の教授であった立作太郎は次のような見解を示している。まず立によれば、満州事変以降の日中両国軍隊の武力衝突は、厳密な意味における国際法上の「戦争」ではない。何となれば、両国はともに、それぞれの立場から、とくに中国は日本の軍事行動の拡大をおそれる立場から、宣戦、最後通牒または開戦の意思をもってする強力的行為等のいずれか一つをもって始まるべき「戦争」の成立を認めていないからである。従って日本の軍事行動は、「国策の手段としての戦争」の放棄を規定した不戦条約第一条には違反しない。(2)

では、立は満州における日本軍隊の行動を国際法上いかなるものとしてとらえたのか。立はこれを急迫な法益侵犯に対する日本軍隊による自衛権の行使としてとらえる。すなわちそれは日中両国間の紛争自体を解決しようと意図したものではない。したがって日本軍隊の行動は、非平和的手段による国際紛争の処理を禁じた不戦条約第二条、ならびに平和的手段をつくさずして強力的手段に訴えることを禁じた国際連盟規約第一二条にも違反しない。(3)

また満州国の成立は、立によれば、「満洲地方人民の自発的独立運動」の結果であって、従ってこれを承認することは、連盟規約第一〇条に規定した連盟各国の領土保全および現在の政治的独立を尊重し、かつ外部の侵略に対しこれを擁護する義務に反するものではない。(4) 同じ理由から、中国の主権・独立ならびに領土的行政的保全の尊重とその政治的統一への協力とを義務づけた九ヵ国条約第一条にも違反しない。[5] かりに満州における日本の軍事行動が事実上満州国の成立を助けたとしても、それが法益侵犯に対する自衛権の行使である以上、日本は国際法上の責任を免責される。[6]

要するに、立は満州事変以降の中国に対する日本軍隊の一切の行動は、日本の満州における条約上の権利に対する自衛権に基づくものであるという大前提に立ち、かつこの大前提そのものが事実に適合するか否かについては根本的検討を加えることなく、一切の条約上の義務および他の一般国際法上の義務は、自衛権に基づく行為の前には消滅すべきものであると主張したのである。[7]

このように、現行の国際法秩序の下で満州の既成事実を合法化しようとする立の立場は、当時の日本の国際法学界の大勢を代表するものであった。たとえば、Walter Young, *Japan's Jurisdiction and International Legal Position in Manchuria*, 3 vols. (1931) と相前後して、かつこれに刺激されて公刊された信夫淳平の『満蒙特殊権益論』(一九三二年) は、「満蒙特殊権益」といわれるものの歴史的形成過程と法的性格とを明らかにしようとしたものであるが、彼は一方で「満蒙特殊権益」の無限定性を排し、その法的根拠をできるだけ明確にすることの必要を主張しながら、[8] 他方それを保障するものは、日本の自衛権以外にはないとし、日本軍隊の行動を「公的機関の正当防衛行為」として正当化した。[9]

また東京帝国大学の外交史の教授であった神川彦松は満州は「国際中間地域」であるとし、これに対する国際連盟の委任による日本の統治を主張したが、[10] これもまた現行国際法秩序の中に満州の既成事実をとりこもうとした法的擬制の試みにほかならなかった。

こうした国際法学界の大勢に真向から対立し、ハンス・ケルゼン（Hans Kelsen）の純粋法学に基礎づけられた規範主義の立場から、既成事実の法的正当化を拒否したのが、立の後継者であった横田喜三郎である。横田はまず第一に満州における日本軍隊の行動がすべて自衛行為であるかどうか、特に奉天攻撃以降の行動が自衛行為として是認されうるかどうかについて疑問を提出した。そしてもしも日本の鉄道守備隊が中国軍隊に比較してはるかに少数であり、従って作戦上機先を制することが必要であるという理由から、中国軍隊からの急迫な危害が現実にないにもかかわらず、みずから積極的に攻撃を開始し、占領を行ったとするならば、それを自衛行為として認めることは困難だと断定した。[11] 事実、事変直後の連盟理事会において、芳沢謙吉代表はそのような予防戦争の論理によって日本の軍事行動を自衛行為として正当化したのである。[12] こうして日本の自衛行為を認めない立場から、横田は満州事変を連盟規約第一一条にいう「戦争の脅威ある場合」として、連盟の介入を積極的に是認する。すなわち連盟が直ちに理事会を召集し、「国際平和を擁護する……措置」として、事件の拡大の防止および日本軍の撤兵を日中両国に対して勧告したことはきわめて当然であるとする。そして日本はこの勧告を中国との外交交渉を通じて実行すべきであり、それが不調に終わって実行できなくなった場合にもふたたび兵力を用いてはならないと主張したのである。[13] 従って連盟介入後も続く日本の軍事行動の拡大は、横田によれば、不戦条約・九ヵ国条約および連盟規約に違反し、それらを支柱とする国際法秩序を根底から解体するものであった。こうした立場から、横田が満州国の成立および日本によるその承認が国際法に違反するのではないかという疑問を提出したことは当然であった。しかし当時の言論の自由の制約は、そのような疑問に正面から答えることを許さなかった。そこで横田は一般論として一国の領土の一部分が本国から分離しようとする場合に分離を指導し援助することは内政干渉であり、一般国際法の原則に反すること、また第三国の援助によって本国から分離しており、その援助がなくなれば本国に回復されるプロバビリティのある場合に国家としての承認を与えることも同じく内政干渉であり、一般国際法の原則に反すること、さらにいずれの場合も連盟国の領土保全と政治的独立の尊重を規定した連盟規約第一〇条に違反することを指摘し[14]、自から提出した疑問に対する解答を暗示した。

満州問題に対するこのような横田の態度は、不戦条約に違反する方法で惹起された一切の事態・条約・協定を承認しないというアメリカ合衆国政府の政策を宣言したスティムソン・ドクトリンに対する評価にも反映している。すなわち横田はスティムソン・ドクトリンは第一に不戦条約の欠陥を補充し、弱点を強化するものであり、第二に非平和的手段による結果を否認することによって、一般に国際法の遵守に対する有力な保障を提供するものであるとして、その重要性を高く評価した[15]。そしてそれが連盟総会の決議その他に採択されることによって「国際法化」されていく趨勢を歓迎した[16]。このような現行国際法秩序の論理を最大限に強調するスティムソン・ドクトリンに対する共鳴は、横田の国際法学の理論的基礎をなす純粋法学に由来する[17]。主権論を否定することによって国家を相対化し、国際法の国内法に対する優位を前提として、法の認識的統一およびそれを媒介とする組織的統一を確立しようとする純粋法学は、実践的には第一次世界戦争後に成立した国際連盟を中心とする国際法秩序を擁護するものであったのである。

しかるに、横田の満州事変に対するこのような立場は例外的であり、しかも満州において既成事実が積み重ねられていくにしたがって、いよいよ孤立した。横田がその師立作太郎の『時局国際法論』の書評の中で「平生には国際主義を説き、国際連盟を賛美した国際法や外交史の学者であつて、満洲事件が起り、言論の抑圧が加はると共に、あざやかに転身して、国家主義を唱へ、国際連盟を非難して廻つた者すら少くなかつた」(18)とのべているのは、事実を率直に指摘したものといえよう。

こうして第一次世界戦争後から満州事変勃発前にかけて日本の国際法学者の間において支配的であった国際法秩序の普遍性に対する信仰は、満州事変を契機としてくずれはじめ、国際法の領域における特殊の普遍化、あるいは例外の一般化が進行する。この過程において、カール・シュミット（Carl Schmitt）の具体的秩序思想等に基礎づけられた「広域国際法」が萌芽するのである。(19)

ところで、満州問題は、中国問題に深い関心を寄せてきた若干の政治学者にとっても、当然に大きなテーマとなった。一九一六年の第三革命以来中国革命史の研究に着手し、一貫して中国ナショナリズムに深い理解と共感とを示してきた吉野作造は、満州事変の前年に出された彼の著書『対支問題』の結論として従来の日本の対中国政策に反省を促し、「第一革命成功後……僅々十七、八年間にともかく彼処から此処まで大国の支那を持ち運んで来た隣邦四億の大衆は決して無能な民族だとは云へない。……従来の日本側の対支方策には、全然将来の発展といふ事を無視して樹てられたものがなかつたか。極端に云へば、どうせ今に破産でもするだらうと見据ゑのついた大家の道楽息子に取入つてうまい汁を吸はうとしたと云ふきらひもないでない。しかも馬鹿息子と見たのは、案外馬鹿でなく、却て利口振つた此方がとんでもない馬鹿を見んとして居るではないか。……いづれにしても我々は一応出発点に還って改めて支那観を鍛へ直す必要がある」[20]とのべたが、満州事変の勃発は、このような吉野の警告に全面的に背反するものであった。これに対して吉野は直ちにその批判を発表し、満州における日本の軍事行動は、係争権益の確認とかその将来の保障のための新義務の設定とかを目的としている以上、自衛権の発動としては到底説明しえず、その本質は、あくまで帝国主義的であるといわねばならぬとのべた。[21]そして満州問題について国内に自由な批判が少ないこと、とくに新聞が一律に出兵を謳歌し、また無産政党の一部がこれに同調していることを遺憾とした。[22]しかし、このような批判も、吉野がその後間もなく病を得て、翌年にはこの世を去ったため、理論的結晶をみるにいたらなかった。

ところで、吉野の死の前後から対外関係研究者として登場し、あたかも吉野の地位を継承した形で、満州問題について多くの論文を発表したのが、東京帝国大学の行政学の教授であった蠟山政道である。蠟山の満州問題に対する基本的立場は、第一に満州において日本は他国と異なる特殊な地位を有し、かつそのことが他国によって認められなければならないと主張する立場である。[23]ここで蠟山のいう日本の地位の「特殊性」の意味は、日本の在満権益が他国のそれを単に量的に凌いでいるということでは決してない。蠟山によれば、ウォルター・ヤングのように、国際法的見地から日本の地位を条約上の諸権益の量的集積としてとらえようとするような方法では、その「特殊性」は明らかにならないのである。[24]そもそも、現時の満州社会の発展段階においては、近代国家を前提とした国際法が適用されうる領域そのものが限られている。[25]満州の対外関係において重要なのは、法律関係ではなくて事実関係である。日本の特殊地位もまた事実関係として明らかにされなければならない。満州問題はまさに法律関係と事実関係とのギャップから生じているのであり、その解決は、既存の国際法の解釈によってではなく、事実関係を反映した新しい国際法の立法によってなされなければならない[26]。

こうした前提に立って、蠟山は日満関係の「特殊性」を一般国際法または条約によっては律しきれないもの、すなわち部分的・限定的な国際関係ではなく、全面的・包括的な結合関係（蠟山のいわゆる「特殊関係」）としてとらえた[27]。それは、少なくとも結果としては、「日満議定書」締結に際しての政府声明にいう「国防上、国民的生存上帝国と不可分の関係」を意味するものであった。

こうして蠟山は、一方で満州における日本の地位の「特殊性」を強調したが、同時に他方ではこれを制約する二つの要因を考慮することを忘れなかった。一つは連盟およびアメリカ合衆国によって支えられた国際法秩序との関係であり、また一つは中国民族主義との関係である。まず前者に関連して、蠟山は、満州問題はあくまで連盟と協力してその解決をはかるべきであるとした[28]。そしてそのためには、ちょうど一九三一年一二月一〇日の連盟総会決議において満州問題の特殊性を一定限度認めさせた実績をふまえて、極力満州問題の例外性を主張し、その主張を徹底させるべきであるとした[29]。つまり日本が、満州問題の処理は決して他の国際紛争の処理の先例にはならないと主張するならば、連盟各国およびアメリカは結局満州国承認に踏み切るだろうと予測したのである[30]。蠟山がこのような意見をのべたのは、満州事変後国内に台頭した孤立的・閉鎖的な国家主義に反対したからであり、日満間の「特殊関係」の確立が、それ以外の対外関係を犠牲として強行されることをおそれたからである。従って蠟山は、当時盛んに行われた「日満ブロック経済」論に対しても、日本は世界経済との関係を離脱しえないとして反対した。(31) またこの時期の蠟山は、満州問題の例外性を強調することによって、対満政策と対中国政策とを区別し、(32) 例外の範囲を極力限定しようとした。要するに、日本は一時的に国家主義に傾くことがあろうとも、結局は国際主義に背反しえず、また日満間の「特殊関係」といえども、国際的承認を得ることなしには存続しえないというのが蠟山の基本的立場であった。

しかし、蠟山によれば、いかに国際主義が強調されようとも、いったん満州事変によって火のついた国家主義は、もはやこれを消し去ることはできない。特に連盟脱退後の日本においては、国際主義の現実的基礎そのものが失われている。従って道は普遍的国際主義と国家主義との「中間」に求められざるを得ない。(33) 蠟山はその道を彼のいう「地域主義」に求めた。そして連盟に代わる地域的平和機構の中に日本の生きる砦を見出そうとした。彼は、日本は連盟を脱退した後といえども、連盟との関係を保たねばならず、そのために新しい関係を創造しなければならないとして「国際連盟の極東地方組織」の結成を提唱したが、この「地域的国際連盟」の構想は、「地域主義」の原理に基づくものであった。(34) 同じ頃神川彦松もまた「我国が例へジュネーヴの国際連盟より脱退したりとするも、我国は決して国際連盟の主義方針を全く放棄せしには非ず。その原則を極東の範域に適用し、極東の国際連盟を実現すべし」(35) と提唱している。しかるに、普遍的国際主義と国家主義とを媒介するものとして提示された「地域主義」は、当時ナチス・ドイツから導入された「地政学」(Geopolitik)の論理によって基礎づけられ、(36) やがて日中戦争勃発以後の日本の大陸進出を正当化する新しい政治的イデオロギーに成長していくのである。

ところで、蠟山が日満関係の「特殊性」を制約する第二の要因として考慮したのは、中国民族主義である。彼は日本人としての立場から満州に対する中国民族主義の要求を内面的に理解しようと努めた。彼はいう、「もし満蒙が日本人の生命線に当り、軍略点に位するといふなら、今日の支那人は同様の論拠を以て答へるであらう。(37)」また中国政府の排日政策についても次のようにいう、「この術策は独り今日の支那政府のみに特殊なものであらうか。私はさうとは思はない。それは我国の明治維新の尊王攘夷の術策に源流を発してゐる所の『アジアの叛逆』の発展したものと考へる。……孫逸仙の建国方略は吉田松陰の思想とレーニンの戦術とが支那の伝統的思想によつて混合されたものだと言へよう。故に今日の支那政治家の術策に対して如何に之を処理すべきかは、自ら我が国民国家の建設史に遡つて考へ直して見る必要があらうかと思ふ。(38)」さらに、彼はまた満州と中国との文化的同一性についても、これを十分に認識していた。(39)従って中国民族主義に対抗して日満間の「特殊関係」を確立するには、国家主義ではなく、国家主義を超える「地域主義」の原理を対置しなければならないと考えた。具体的にいえば、実質的な「相互利益の確保」を保障する政治組織を満州に確立することによってのみ、中国本部と満州との引離しが可能になると考えた。(40)そしてそのためには、何よりも「能率ある公正なる政府、腐敗のない政府」をつくることが必要であり、その形態は民主政よりもむしろ寡頭政ないし独裁政でなければならないと考えた。(41)すなわち彼は満州においては政治の過程よりも効果が重要であると考えたのであり、すぐれた効果を得るためには日本が満州に対して積極的に介入し、リーダーシップの責任をとるべきであると主張したのである。こうして国家主義を超え、民族主義に対抗するものとして打ち出された「地域主義」は、やがて日中戦争の過程において日本が模索した「新秩序」を基礎づける原理として蠟山によって駆使されることになるのである。[42]

満州事変後の日本外交の進路を、「地域主義」に基づく新国際機構の設立に求めるべきであるという主張は、蠟山のほかにも、たとえば、外交官出身の外交史家鹿島守之助にみられる。鹿島は満州事変の「淵源」は、ワシントン会議にあるとし、「現在東亜の平和を脅威する最大のものは、支那における民族主義運動でもなければ、日本の自衛権行使の問題でもない。それは空想的理想主義の仮説の上に樹立せられたワシントン似而非平和機構である」と主張する。[43] そしてこれを平和的に変更することが「平和主義者」の最大の責務であると主張する。[44] 彼のワシントン体制批判は、主として九ヵ国条約に向けられており、それを貫いている対中国不干渉方針が、中国国民はデモクラティックな自治能力を持っているという誤った仮定の上に成り立っている以上、それは必然的に破産せざるを得なかったと断定する。[45]

それでは彼はいかなる形にワシントン体制を修正しようと考えるのか。彼は、蠟山や神川と同じように、一方で国家主義やそれに基づく同盟外交を認容しながらも、他方で第一次世界戦争後の国際主義の遺産を放棄することには賛成しなかった。[46] そして彼もまた、両者の中間に日本外交の道を選んだ。それが彼のいわゆる「新平和機構」[47]である。「新平和機構」の組織原理は第一に「地域主義」である。彼は、その理論的基礎をクーデンホフ－カレルギー（Richard Nikolaus Coudenhove-Kalergi）の汎ヨーロッパ主義に求め、それをアジアに適用しようとした。[48] 彼のいう「汎アジア主義」がそれである。そしてモンロー主義を認めた連盟規約第二一条を手がかりとして、連盟の地域主義的改組をはかり、その一環として汎アジア主義に基づく「新平和機構」を設立することを主張したのである。[49] これは、蠟山や神川が提唱した「極東連盟」の構想と同じ性格のものと考えてよいであろう。さらに鹿島によれば、「新平和機構」は、日本が「東亜の安定力」ないし「東亜平和維持国」であるという国際的承認を前提として成立する。[50] それは具体的には満州および中国に対する日本の特殊的地位の確認を意味する。こうして鹿島もまた蠟山と同じように、日本の特殊的地位を前提とする地域主義的国際機構を提唱することによって、満州問題を何とか現行国際法秩序と関係づけながら処理しようとしたのであった。

なお一九三二（昭和七）年六月に蠟山政道・横田喜三郎・松方義三郎・松本重治・山中篤太郎・浦松佐美太郎六名の連名で『満洲問題解決案（未定稿）』[51] が印刷され、限定された範囲に配布されたが、その中では第一案として「『満洲自治国』共同承認案」が、第二案として「『独立満洲政府』共同承認案」がそれぞれ提案されている。第一案は「既に中国の主権から離脱し、中国政府の権能も亦事実上及ばざる政府と住民との存在を確認し、その独立国家への自治的発展を保障さるべき一箇の政治的地域を設定すべきである」と提唱し、これを「満洲自治国」と呼ぶ。[52]「満洲自治国」は独立国家ではなく、それへの過渡的形態であり、その存立は国際連盟理事会およびアメリカ合衆国の共同決議または協定に基づく同時的国際承認によって保障さるべきであるとするのである。すなわちこの案は「既存国際関係の予期してゐない新事実の発生せるを認め、この新事実を既存関係の正面的違反たらしめざるやう調節する必要を認め、之を国際的共同確認なる新らしき意思に係はらしめることに依り、事態の解決を図らざるべからずとするものである」。[53]

こうして国際的共同承認を与えられた「満洲自治国」の発展は、日本のみならず、日本を含めた（あるいは日本を中心とする）国際的平和機関の協力によって促進されねばならない。そのためには国際連盟の拡大強化、とくに「連盟極東機関の整備」がはかられることが望ましい。とくに「東京支局の拡大」が当面もっとも必要である。[54] こうして「満洲自治国」案は日本の単独承認による満洲の独立国家化をとらず、まず満洲の既成事実の国際的承認を獲得することによって、既存の国際法秩序の平和的変更を意図したものであったのである。

次に第二案の「独立満洲政府」案は、「国際的には満洲を支那の一部として止まらしめると共に、国内的には支那の他の部分から完全に独立させようとするものである」。[55] この案でも満洲は実質的には内政・外交ともに独立国家たることが予定されているが、日中関係の摩擦と国際法秩序への抵触とを最小限にするためには、「領土の不変更」は遵守しなければならないとしたものである。第一案は蠟山の考え方に近いものであり、第二案は横田の考え方を反映したものとみるべきであろう。しかしこれら二つの提案はいずれも、日本が満洲国の単独承認に踏み切ったことによって現実を動かす要因とはついになりえなかったことはいうまでもない。

ところで、この時期において、植民政策学者として日本帝国主義を解明する立場から満洲問題に対してもっとも透徹した批判的研究を行ったのが東京帝国大学の植民政策の教授であった矢内原忠雄である。矢内原は、ホブソン（J. A. Hobson）やヒルファーディング（Rudolf Hilferding）らの帝国主義論[56]によって台湾をはじめとする日本の植民地の実態を分析し、[57] それを通して日本の植民政策を批判したが、一九三二年夏の満州旅行が動機となり[58]、大学において行った二回の講義を基礎として、翌々年に公刊した著書『満洲問題』は彼の植民政策批判の一環である。彼はその「序言」の中で「余がここに諸君に提供せんとするものは、資料にあらず、数字にあらず。……ただ一の批判的精神にあるのみ。けだし批判の欠乏するところ、盲目の危険は最も大である故に[59]」と記しているが、彼が提供しようとした日本の対満政策に対する「批判」の基準は、一つはそれが政治的に合理的であるかどうかであり、またもう一つはそれが経済的に合理的であるかどうかであった。具体的にいえば、前者はそれが中国民族主義の必然性に反していないかどうかということであり、後者はそれが資本主義の論理に反していないかどうかということである。すなわち矢内原は政治的にはナショナリズムの論理によって、経済的には資本主義の論理によって、「満洲問題の性質及び傾向の学問的認識並に批判[60]」を行おうとしたのである。

まず前者の見地から、矢内原は満州における中国民族主義と日本との関係を次のように分析する。満州における日本の「特殊権益」の「特殊」性はどこにあるか。それは何よりも「主権国たる支那の政治的支配に対し特権的地位を要求し、支那の政治権力の自由なる発動を拘束する意味に於ての[61]」政治的権益たることにある。それは個々の条約上の権益にかかわらず、満州そのものを対象とする[62]。従ってこれに対する現実の脅威は、列国との間の経済競争ではなくして中国自身の政治的抵抗にある[63]。そしてこの日本に対する政治的抵抗こそ中国民族主義の政治的表現なのである。

矢内原によれば、「凡そ近代民族国家成立期にありては、内にありては国権統一、外に対しては国権回収が、一の連結したる国民運動として行はれる[64]。」幕末の日本において行われたような尊皇攘夷的運動は、「近代国家成立運動の必然的形態」[65]であって、現在その過程にある中国の民族主義運動もその例外ではない。「之を満洲について見れば、支那と満洲との統一、即ち満洲は支那の不可分的構成分子たることの主張、並に満洲に於ける外国勢力の排斥として現はれたのである。」[66]ここにいう「外国勢力」が日本を指すことはいうまでもない。満洲事変は「日本帝国主義と支那国民主義との衝突」であり、満州国はその衝突より生じた「産物」であった。[67]

矢内原は満州国が「東北民意の表現」であるという見解を否定する。[68]逆に彼は、日本軍によって東北人民の意思に反するものとして追放された奉天政府の「悪政」といわれるものの中にさえも、中国民族主義の必然性が貫かれていることを認識する。たとえば、不換紙幣濫発によるインフレ政策とともに、「二大悪政の一」といわれた軍備拡張についても、彼はその評価は満州の特殊の事情を考慮してなされなければならないとし、次の三点を指摘する。[69]第一に兵器生産のための奉天兵工廠は、満州最高の近代工場であり、従ってここに投ぜられる軍事費は、客観的には満州の工業化を促進する役割を果したこと、第二に満州において兵隊は職業の一種であり、従って軍備拡張は雇用政策的意味を持ったこと、第三に満州における軍事力の充実は、結果として中国民族主義の利益に合致していたこと。矢内原は「以上により、東北政府の軍事費膨大の中にも亦、満洲に於ける支那国民主義発達との関連の契機が認められるであらう」[70]と結論する。そして、インフレ政策も主としてこうした性格をもつ軍事費捻出の必要から出ていたのであり、[71]従ってこれもまた「満洲における支那国民主義発達」につながっていたのである。

すなわち矢内原によれば、「作霖にせよ、学良にせよ、近代的国民主義の潮流を阻止し、或は抗拒するを得ず、自己の地位を保全するが為めには、却って自らその潮流に乗ることを余儀なくせられたのである。[72]」

さらに彼は張学良政権と運命を共にして奉天を引き揚げた者が一一万人をこえる事実を重視し、この場合残留者の旧政権に対する批判の信頼度には限界があると指摘する。[73] こうして矢内原は日本軍の武力によって張政権が解体されたことの中に満州における中国民族主義の後退を認め、その結果成立した満州国は「之れを萌芽の中に摘取して他の勢力を接木したるもの[74]」と形容した。

しかるに彼によれば、「日本の対支政策の根底は支那の近代統一国家化の助成に存しなければならない。[75]」いいかえれば、中国民族主義との協調になければならない。それは必ずしも道徳的要請ではなくして、政治的要請である。なぜならば「支那の統一なくして日本の繁栄なく、支那の排日ある限り、日本の幸福は無い[76]」からである。こうして矢内原は、政治的合理性の見地から、中国民族主義の必然性に挑戦した日本の対満政策を批判したのである。

これとならんで、矢内原の批判は、資本主義の論理に基づく経済的合理性の見地からも行われた。彼は、まず第一に、満州への移民によって過剰人口問題を解決しようとする志向を批判する。[77] 彼によれば、満州は日本人農民および労働者の移住地としては好適な社会的経済的条件を備えていない。農民についていえば、日本人は満州人と競争しなければならない。ところが満州人は概して生活程度が日本人より低く、従って労賃がより低い。つまり生産費がそれだけ低くてすむわけである。従って日本人は生活程度を低くしない限り、他の条件にして同じならば、満州人との生産物の価格競争に敗れるであろう。生活程度を下げないで、しかも価格競争にたえるためには、農業の機械化による生産費の低下が必要であるが、鉄道沿線をはなれた移住地域内にはそのための工業上の条件が備わっていない。また工業労働者の移住についていえば、生産方法の機械化が前提であるが、たとえそれが行われたとしても、生活程度の高い日本人を、満州人ないし中国人に代わらせることが果たして生産費を安くする所以か否か疑問である。要するに、矢内原は満州農業および工業における中国人労働力の貢献度を重視したのであり、日本人移民がこの強力なライヴァルと競争することは、経済の論理によれば不可能だと考えたのである。

また彼は完全な自給自足を目標とするいわゆる日満ブロック経済論を経済的合理性の見地から批判する。まず貿易についてそれが経済的合理性に反することを指摘する。[78] 彼によれば、日本の貿易において満州の占める比率は、輸出においては約七パーセント、輸入においては約八パーセントにすぎない。すなわち日本は商品販路および原料品供給地としての満州に依存する以上に、満州以外のそれに依存している。将来いかに満州の経済開発が進んだとしても、日満ブロックによる完全な自給自足はありえないであろう。ただし、戦時における経済封鎖を予想して、その際軍需品生産に必要な原料品の供給を満州に期待するという見地から日満ブロック経済論が説かれることがあるが、それは経済の論理ではなく、軍事の論理によってのみ説明され得る。その場合には、日満ブロックは日本の財政に重い負担をかけることになろう。[79] 要するに、日本は満州と引きかえに、世界を、特に中国本部を失ってはならないというのが矢内原の結論であった。[80]

また彼は日満ブロック経済論の中核をなす満州統制経済論を経済的合理性に反するものとして批判す

る。[81] まず鉱業・鉄道等重要産業についての独占企業の結成については、これは、満州のような経済発展段階の低い社会には必ずしも適合しないとする。つまり、経済的・技術的に生産条件を異にする日満両企業の合同は、前者の利益のために後者が犠牲となるか、もしくは後者のために前者の生産条件が低下するか、いずれかであって、高度資本主義社会におけるトラストのように生産条件の向上（いわゆる「合理化」）をもたらしえないとする。また満州国はたてまえとしてはあくまで「独立国」であり、従って満州産業は日本産業に対して補充的性質のもののみならず、競争的性質のものもありうる。軍事的見地からはむしろそのような競争的性質のものが積極的に要求されることもありうる。従ってブロック経済の見地からの産業統制には限界がある。

また満州統制経済論の最大の特色は、軍事的見地に立つ産業統制にあるが、軍事上の考慮と経済上の考慮とは必ずしも両立しない。たとえば移民計画の立案においても、鉄道路線の決定においても、軍事と経済とは必ずしも観点を同じくしない。従って満州統制経済論は、経済的にはしばしば非合理的たることを免れない。以上の論拠から、矢内原は日満ブロック経済論を批判し、「日本の全生存の重みを満洲にかからしむる如き極端なる満洲政策の主張は、却って我国生存線の全面を破壊する危険なきや否やの考慮によって常に反省せしめられなければならない[82]」と警告した。

では、矢内原は満州国成立以後の中国をどのようにとらえたであろうか。すでにのべたように、中国における民族主義および資本主義の必然性に背反するものとして、日本の対満政策を批判した彼は、逆に民族主義および資本主義の必然性を促進するものとして、南京の国民党政府を評価した。[83] すなわち、

「支那資本主義の中枢」である浙江財閥によって支持される南京政府が中国における資本主義化を促進し、それを通して近代的統一国家の形成を担うことは「社会的必然の事実」であった。これに対して日本がいかなる政策をとるべきかについて彼は次のようにいう。「支那問題の……中心点は民族国家としての統一建設途上に邁進するものとしての支那を認識することにある。この認識に添ひたる対支政策のみが科学的に正確であり、従つて終局に於て成功する実際的政策も亦之以外にはない。此の認識に基きて支那の民族国家的統一を是認し、之を援助する政策のみが支那を助け、日本を助け、東洋の平和を助くるものである。この科学的認識に背反したる独断的政策を強行する時、その災禍は遠く後代に及び、支那を苦しめ、日本の国民を苦しめ、東洋の平和を苦しめるであらう。」[84]矢内原は日中戦争を批判した一連の論文および講演が政府の忌諱するところとなり[85]、一九三七年一二月政治的圧迫によって大学を退いた後は、意見の自由な発表を封じられたが、彼のこのような予言は、国民党が彼の期待に反して統一国家形成の担い手となりえなかったことを別にすれば、その真実を十分に実証したといえよう。

二　日中戦争と「新秩序」——一九三七—四一年

日中戦争勃発後、戦火が中国全土に広がるにしたがって、満州の既成事実は、アカデミック・サークルズにおいても、もはや動かしがたいものとして受けとられるようになった。そしてかつての矢内原や横田のように、満州問題を中国問題とみなし、これを民族主義を前提とする国際主義の準則によって処理しようという意見は、急速に後を断った。彼らは政治的圧迫によって大学における地位を脅かされ、沈黙を強いられたのである。[86] のみならず、現行国際法秩序と国策との衝突を緩和するために、満州を例外として処理しようという意見——かつてのアカデミック・サークルズの多数意見——すら少数となった。つまり満州例外論は拡大され、対象は満州のみならず、中国全土、そしてついには南方諸地域をも含めた東亜の広大な地域に及ぶこととなった。日中戦争以降の対外関係研究の主流は、ここに「新秩序」を仮想し、これを意味づけ、あるいは根拠づけることを目的とした。このような一般的傾向をまず外交史研究の分野について具体的に検討してみよう。

当時の日本の典型的な自由主義者として今日評価されている外交史家清沢洌は、日本における国際主義の遺産を守るために、この時期においてもなお満州例外論の立場を貫こうとした少数者の一人である。彼は、日本外交が満州事変以降軍部のつくった既成事実によって指導され、日本を国際法秩序の敵対者に転化させていった過程を、当時の言論の自由の許す範囲において批判した。彼は「満洲事変以来、特に支那事変以後は日本に外交は存しなかった[87]」とのべているが、彼の「外交」のイメージは、基本的には連盟規約およびワシントン条約をフレーム・オヴ・レファレンスとする「幣原外交」のイメージと一致していた。すなわち、幣原外交を支えた国内的および国際的諸条件が失われ、それが凋落していった過程が、日本外交の軍事への従属の過程としてとらえられたのである。このことは、間接には、幣原以後の歴代外相に対する批判の中にあらわれている。たとえば、幣原外交のアンティテーゼとして打ち出された田中外交は「支那の国民主義の流れを適当に評価することができなかった[88]」として批判され、連盟脱退当時の外相内田康哉が連盟加入およびワシントン条約締結当時の外相でもあったという事実は「歴史の悲劇」(89)として形容され、外務省内の親英米派を一掃したといわれる松岡外相の人事が新聞によって歓迎されたという事実は「果敢なる実行が内容の如何を問はず喜ばれる時代思潮を反映するもの」(90)として諷刺された。

このような間接的な形であらわされた彼の幣原外交に対する共鳴は、直接には、幣原が全権大使として参加したワシントン会議および外相として指揮したロンドン会議の結果に対する評価にあらわれている。彼はまずワシントン会議において成立した海軍軍縮協定および四ヵ国条約を日本の「外交的勝利」(91)として高く評価する。彼はいう、「日本は……少くとも守るに十分な武力を国際協定によって認められたのだ。日本を攻撃して勝利を得んがためには、日本の有する海軍力の二倍の力を必要とすると云ふのが専門家の意見である。然るに今や日本は六割を得て、その上に英米両国の前進基地の不拡大を約諾せしめたのである。」(92)

また九ヵ国条約については、これを門戸開放主義の具体化であり、「米国外交の勝利」であるとしながら、「該条約が米国の希望通りの形態を保つかどうかは、一に日本の好意にかかる」(93)とする。何となれば、中国大陸に現実に力を持っているのは日本であり、アメリカではないからである。つまり、清沢によれば、日本はアメリカの企図する極東秩序を容認し、これを拒絶し得なかったという点では、全面的譲歩を余儀なくされたといえるが、しかし「譲歩したものは、実は日本に絶対的に必要なものではなかった」(94)。従って日本はワシントン体制の下でも、その力を伸ばすことができると彼は信じたのである。

またワシントン会議の延長の意味をもつロンドン会議の結果に対しても、清沢は賛意をおしまなかった。彼によれば、補助艦の対米比率七割は「当時の事情の下においては最善と認められる妥協であった[95]」。

こうして清沢はワシントン体制とそれを基礎とする幣原外交を是認したが、それにもかかわらず、満州問題を処理することなく終わったワシントン会議の結果には重大な欠陥を認めた。満州問題がアメリカの配慮によってとり上げられなかったことについて、彼は「米国は現状維持に熱しすぎて、支那の現実と日本の発展について考ふる用意を欠いた。……現実に即さない条約の結果については、その後の発展経過がこれを示すであらう[96]」と批判し、このことが満州事変の原因となったことを指摘している。すなわち、彼によれば、九ヵ国条約においては、パリ講和条約におけると同様、アメリカの「多分に観念的な支那観[97]」が条約化され、それが中国をして「足の地につかざる運動[98]」に追いこんだのである。

従って彼は、満州事変以降の満州の既成事実を承認しようとしない「法律家的な[99]」アメリカ外交を一貫して批判する。すなわち、アメリカ外交は「門戸開放主義」に基づく国際秩序理念を「法律家的な」態度で東亜に強制しようとしたのであり、これが結局において、アメリカをしてハル・ノートに象徴されるような「過誤」をおかさせたとするのである。もちろん彼は、満州事変以降のすべての既成事実についで、他国の承認を主張したのではない。彼が主張したのは、満州に限定された既成事実の承認である。このことは、彼が満州の「特殊状態」を認めたリットン報告書を積極的に評価し、それに対して日本世論が冷静に耳を傾けなかったことが事態解決を妨げる原因の一つであったと批判していること[100]からも明らかである。なお、清沢のような見地からするアメリカ極東政策批判は、日中戦争勃発後から日米開戦前夜にかけてさかんに行われた。たとえば東京帝国大学のアメリカ政治外交史の教授であった高木八尺は、その著書『米国東洋政策の史的考察』[101]において、門戸開放政策の歴史的展開を跡づけながら、一九世紀末の中国分割の危機が切迫した極東の事態への対応として打ち出された門戸開放政策は、もはや日中戦争勃発後の欧米帝国主義が清算されようとする事態には通用しない[102]とのべている。

ところで、清沢は一方でアメリカ外交の「法律家的な」態度を批判する半面、他方でこれに対してイギリス外交の現実主義的態度を高く評価した。まず彼はイギリスがスティムソン・ドクトリンに追随せず、日本の満州における行動に理解を示した[103]ことについて、これはイギリスが誰よりも日本の実力をよく知っていたからであり、従ってイギリスは、極東問題を日英米三国の力によって解決しなければならないと考えていたからであると説明する。[104]そしてイギリスはこのような考え方から、連盟およびアメリカと日本との間に立って「相互的抑制」の役割を果たした[105]と評価する。

また彼は、アメリカの極東政策は、イギリスのヨーロッパ政策と同じく、一種の勢力均衡主義であるが、「ただ異なるのは英国の政策が可なり現実的であるに対し、米国のそれは観念的であることだ[106]」とのべ、「もし日米交渉の代りに日英交渉が交渉の主体をなしてゐたら、事態の経過は、或は異なってゐたかも知れない[107]」と推論する。彼は元来イギリスのヨーロッパ大陸に対する外交こそ、日本のアジア大陸に対する外交の模範であると考えていたのであり、事実、日米戦争中の彼の日記にも、敗戦を予想しながら、「日本は……英国が大陸に対してとつたやうに、アジア大陸に対しては、そこに必然に起る列強の衝突に対処して、勢力均衡政策をとることが賢明である。自から大陸の一にならんとしたことに、日本の失敗があった[108]」と記している。彼が幣原外交を支持したのも、それがアジア大陸に対する一種の勢力均衡政策であったからでもあろう。

こうした米英両国の外交に対する評価のちがいは、当然に極東における米英可分論に通ずる。つまり、日本は極東政策について米英両国が提携して日本と対立することのないように工作すべきであるし、またそうすることは可能であるというのが彼の主張であり、逆にそのような情勢が生じない限り、極東の平和は保たれるというのが彼の観測であった[109]。

ところが、日本によるワシントン条約およびロンドン条約の廃棄は彼がおそれていた日本に対する英米の提携を成立させた。彼によれば、一九三六年の日本のロンドン海軍軍縮会議脱退およびワシントン条約の終焉とともに「日本の対英・米関係は……急角度に変転し、日本の攻勢を前に、英米の妥協は漸く実質的に実現して来た[110]」のである。しかも同年に成立した日独防共協定は、一方でソ連に脅威を与えるとともに、他方では翌年のイタリアの加入によって、イギリスにも対立するものとなった[111]。さらに日独防共協定は、日本の対ソ警戒の必要を減じさせ、中国本部、とくに満州国と密接な利害関係を有する中国北部に対する日本の政治的軍事的圧力を強化したという意味において、日中戦争の「前奏的外交[112]」であったが、その結果勃発した日中戦争はその戦火が中国南部に及ぶにしたがって、日英対立を一層尖鋭にした。一九三九年の日本軍の天津英国租界の占領、それに続く一九四〇年の日本国内での反英運動はその顕著なあらわれであった[113]。さらに三国同盟は日中戦争を欧州戦争に結びつけることによって、英米の対日提携に最後の仕上げをすることとなった。[114] こうして日本のワシントン体制廃棄と三国同盟によって保障された国際「新体制」の確立とは、清沢によれば、英米を共に日本に対立させ、衝突させたという意味において最悪の選択であった。要するに、彼は極東の平和は日英米三国の相互的抑制均衡によって保たれると考えたのであり、[115] それを破ったという意味において幣原外交以後の日本外交は批判されなければならなかったのである。このことは、見方をかえれば、極東の事態を決定する要因として、中国が日英米三国と同等の比重を認められなかったということでもあり、従って、清沢にとって、もし「東亜新秩序」が批判されなければならないとすれば、それは中国民族主義と対立するものとしてというよりも、英米両国、とくにイギリスに対立するものとしてであった。

ところで、自由主義者清沢とは逆に、マルクス主義者として欧米帝国主義を批判する立場から、ワシントン体制を英米両国の太平洋および極東支配を保障する体制として意味づけ、日本の英米に対する外交的依存を断ち切る道として日本の国防国家化とそれを支える「東亜共栄圏」とを根拠づけたのが信夫清三郎の『近代日本外交史』である。信夫は、その叙述の中心を「英米両国の支配的秩序とわが国の外交政策との交渉」[116]におき、過去の日本外交がいかに英米に依存してきたかを明らかにしようとしたが、その際彼は日本の英米に対する外交的依存の原因を、マルクス主義者にふさわしく、経済的依存に求めた。すなわち、彼によれば、輸出入貿易において、日本はその五〇パーセント近くを英米に依存しているという事実、また海外投資特に大陸への投資において大幅に英米資本に依存しなければならないという事実が、日本の外交を英米に協調もしくは依存させるにいたった。[117] 満州事変以来日本は英米支配体制たるワシントン体制の打破に努力しながら、容易に英米との協調を断ち切ることができなかったが、これも日本経済が英米への依存から脱却しえなかったからである。[118] 従ってワシントン体制を打破しうる道は、結局において、日本経済の英米からの自立、具体的には自給自足経済の確立以外にはない。その道を指し示したのが、日中戦争の過程において生まれてきた国防国家とその経済的基盤としての「東亜共栄圏」の構想である。これが彼の『近代日本外交史』の結論であった。

ところで、信夫によれば、日本外交の対英米依存からの脱却が、結局においては、高度国防国家の完成を待たねばならないとしても、日中戦争以後の日本外交は、ワシントン体制に代わる国際秩序をつくり上げることによって、英米からの外交的自立化を推進した。一九四〇年に成立した三国同盟・日華条約および一九四一年に成立した日ソ中立条約は、外交の新しい段階を画するものであった。とくに日ソ中立条約成立は、マルクス主義者信夫にとっては、英米帝国主義の砦であるワシントン体制を根底から否定したものとして歓迎されたのである。[119] こうして、信夫は反帝国主義を反英米と等置し、それを貫徹するために、一方で親ソのみならず親独伊をも主張するとともに、他方でイデオロギー的な国防国家論および「東亜共栄圏」論を主張したのである。

なお、前節においてすでにのべたように、満州事変後の日本の行動を国際連盟規約に照らして正当化するために、国際連盟の委任による日本の満州統治とか、国際連盟の極東支部としての日本を中心とする「極東連盟」を提唱した神川は、日中戦争勃発以後、政府によって「東亜新秩序」が提唱されるや、これを九ヵ国条約を支柱とした「東亜旧体制」と対照させ、九ヵ国条約のような「帝国主義的特殊的国際条約」は、本来国際連盟規約と相容れなかったのであり、「東亜新秩序」は逆に国際連盟規約を発展せしめたものであると説明した[120]。従って彼にとっては、「東亜新秩序」は、まさに「極東連盟」であった。彼は、「東亜新秩序における指導的原則」として、モンロー主義から類推した「東亜モンロー主義」、汎アメリカニズムから類推した「東亜協同体主義」を挙げているが[121]、このことから考えて、彼の「東亜新秩序」のイメージ（従って「極東連盟」のイメージ）は、合衆国を中心とするアメリカ大陸の国際秩序のイメージに近いものであったと想像される。当時彼がモンロー主義をテーマとしたいくつかの論文を書いているのも、このことと無関係ではない。

　ところで、「東亜新秩序」は、政治学者の間でもテーマとしてとり上げられ、若干の政治学者によって、その積極的な意味づけがなされた。蠟山政道はその代表的な一人である。蠟山は、前節でのべたように、満州事変後の極東国際秩序をつくり上げる基本原則として、「地域主義」を提唱したが、日中戦争の過程において、ワシントン体制の崩壊が現実となり、「新秩序」の建設が政府の戦争目的となるに及んで、彼は一層積極的に「新秩序」を基礎づける原理としての「地域主義」を主張した。すなわち現行国際法秩序を前提としながら、満州のみをその例外として処理しようとしてきた彼の立場は、日中戦争以降の既成事実の累積とともに変化し、現行国際法秩序それ自身を否定するにいたる。かつては日本の国家主義を現行国際法秩序へ止揚する媒介的役割を果たすものとして提唱された「地域主義」は、今や前者を覆う外装として、もっぱら現行国際法秩序に対立する。「地域主義」は、もはや局地的例外的な秩序原理ではなく、世界的普遍的な秩序原理となる。地球上は、その自然と文化との有機的統合をはかるならば、均衡がとれた数個の世界的地域に分かたれいくであろうとの見通しの下に、「地域的協同体を根幹とする世界新秩序」が構想される。[122] ヨーロッパにおいて独伊を中心としてつくられていく「欧州新秩序」、および東アジアにおいて日本を中心としてつくられていく「東亜新秩序」は、それぞれ「世界新秩序」の一環である。[123] 蠟山は、「西欧的秩序の基本的要素の一つである主権的独立をもった民族国家の解消」に「欧州新秩序」の「革命」的意義を見出すが、[124] それと同じ過程が日中戦争を通して東アジアにおいても進行しつつあると認識するのである。いいかえれば、日中戦争の目的は、第一次世界戦争後につくられた国際法秩序を根底から否定し、これに代わる「世界新秩序」の一環としての「東亜新秩序」を建設することなのである。従って日中戦争は「国際連盟機構や不戦条約などが前提としたやうな、制限された部分的な目的を有する戦争とは根本的に異なつてゐる」。それは「道義的理念的目的」をもった「聖戦」なのである。[125] いいかえれば、妥協のありえないイデオロギー戦争なのである。

では、「東亜新秩序」が形成されるためには、なぜ日中戦争が戦われねばならなかったのか。蠟山によれば、それは日本の軍事力によって打破されねばならない二つの障害があったからである。一つは中国民族主義であり、一つは中国民族主義を利用し、そのためにこれと提携した西欧帝国主義である。彼はまず民族主義は、かつて西欧世界において果たしたような普遍的秩序原理としての歴史的役割を失ったとする。[126] また非西欧世界の日本において民族主義が成功したのは、日本特有の幾多の歴史的条件にめぐまれた例外的なものであるとする。[127] 従って民族主義はもはやアジアを救済する原理とはなりえない。しかるに、これを妨中国民族が生きるためには、民族を超えた地域的連帯にめざめなければならない。しかるに、これを妨げているのが中国民族主義であり、ここに日中戦争が戦われねばならない一つの重大な原因がある。日中戦争の終局の目的は、民族主義の「超克」なのである。[128]

ところで、蠟山によれば、民族主義を「超克」する論理は、いうまでもなく「地域主義」であるが、「地域主義」の論理は、「日本のナショナリズムがアジア大陸に発展していった過程に内在してゐる」。[129]それは「本来西欧的な帝国主義ではなくして、防衛または開発のための地域主義なのである」。[130] 従ってそれが志向するものは、「植民地経済と見做すべきではなく、一定地域における民族が協同関係に立つ地域的運命協同体と規定するほかないのである」。[131] それは、蠟山によれば、ドイツが中央ヨーロッパにおいて、イタリアが地中海沿岸地帯において、また合衆国がアメリカ大陸においてそれぞれ志向しているものと同じなのである。[132] 日本の大陸政策は、日本のアジア大陸に対する地域的同一性に由来するものであって、決して帝国主義に由来するものではない。

なお、蠟山のいう「超克」されるべき「民族主義」とは、第一次的には政治的軍事的意味における「民族主義」をいうのであって、文化的意味における「民族主義」を含むものではない。蠟山によれば、東洋には数個の文化圏が併存しており、「西洋文化」に対応する統一的な「東洋文化」は存在しない。[133] 日本と中国とを比較しても、両者の間に文化的同一性を指摘することは必ずしも容易ではない。彼はこの点では、たとえば比較思想史的観点から両国の文化的非同一性を強調した津田左右吉らの意見に同調する。[134] 従って彼は、東アジアの地域協同体においては、民族文化の異質性が尊重されなければならないと主張する。[135] 「東亜新秩序」にとって重要なのは、彼によれば、政治的軍事的統一であって、文化的思想的統一では必ずしもない。[136]彼のいう「東亜協同体」は、第一次的には政治的軍事的および経済的協同体であって、文化的協同体ではないのである。

ところで、蠟山によれば、日本の軍事力が「東亜新秩序」の形成のために打破しなければならないもう一つの障害は、中国民族主義と提携した西欧帝国主義である。彼はいう、「戦ひの相手は、蔣政権のみではなくして、それが、民族の復興生存の美名によつて、巧みに利用し契合した西欧、殊に英仏の如き国の半植民地政策そのものである。〔支那〕事変の本質は、これらの国々が過去百年の間、築き上げた世界体制そのものを打破することなくしては、その目的は貫徹しないのである。[137]」このことは、日本の大陸進出の論理が西欧帝国主義と区別される以上、ますます強調されねばならなかったのである。蠟山は日本の現実の大陸政策を批判し、「アジアの諸民族が日本を西欧流の帝国主義者と同視し、甚しい場合にはその独立と自由とを奪ふ侵略者と看做すやうな変化をきたしたのには、日本の態度政策にも大きい原因があつた。日本自体にアジア諸民族の民族的要望を容れ、西欧帝国主義と区別せられる世界政策を示す用意がなかつたからである[138]」とのべているが、こうした見方が彼の日中戦争の意味づけに影響を与えたとみることができる。日中戦争が単なる日中戦争であるならば、彼がそこに「道義的理念的目的」を見出すことは困難であろう。だからこそ、蠟山にとって、日中戦争は単なる日中戦争ではなく、必然的に日英または日米戦争たらざるを得なかったのである。このような日中戦争の意味づけは、蠟山に限らず、日本の大陸政策について多かれ少なかれ疑問をもった知識人の間に受け容れられたのであり、彼らは対米英開戦によってはじめて日中戦争がもたらした道義的負債からの解放感を味わった。[139]

なお、蠟山は、「東亜新秩序」への脅威として、アメリカニズムを挙げ、トインビー（Arnold J. Toynbee）の米国のローマ帝国化の予言に共感を表しながら(140)、これに対抗するには「立体的地域主義」をもってするほかないとのべている。すなわち彼はいう、「日支の紛争はやがて世界的又は太平洋的規模においてのみ解決されねばならぬときが来るのである。その時日本は如何なる原理を以て太平洋の彼方から来る普遍的世界主義の脅威に対処し得るであらうか。……立体的地域主義以外に如何なるものを求め得るであらうか。(141)」ここにも日中戦争が必然的に日米戦争たらざるを得ないという蠟山の論理を見出すことができるのである。

ところで、この時期に日本による「東亜新秩序」の形成に疑問や批判を提起し、日中戦争勃発以降の中国の抗日民族統一戦線の発展にそれとは異なる「新秩序」の胎動を指摘したのが、マルクス主義的立場をとった少数の中国研究者である。尾崎秀実や細川嘉六はその代表である。

尾崎はまず日中戦争の本質を中国にとっての民族戦争としてとらえる。彼はいう、「今次の戦争は、その民族戦争であることを特徴とする。……今次の戦争によつて明かにせられたことは、支那が或る程度まで民族的な団結を保つて戦ひつつあるといふことである。この点は従来と頗る異る。(142)」彼によれば、国共両党間には、たえず分裂の危険があるが、たとえこの両者が分裂しても、この両者を支持する民衆内部の統一は容易に崩壊しないであろう。(143)「支那における統一の趨勢は、厳然たる事実である。それは砲火と爆弾によつては容易に打破り難いものである。(144)」従って尾崎によれば、「日本の……対支政策は之を欲すると否とにかかはらず、支那のかかる統一……を前提としてこれに対処するやうに打ち建てられねばならない。(145)」

このような見地から尾崎は、日本のいう「東亜新秩序」は何よりもまず中国の民族統一を促進し、達成せしめるようなものでなければならないこと、さらに進んで抗日民族統一戦線が追求する中国社会の「半封建性」および「半植民地性」の克服を可能にするものでなければならないことを主張する。(146)従って「新秩序」は、日本軍の占領地域にでき上がった「新支那」を単に拡大強化し、それを日本および満州国と結びつけたようなものではありえない。(147)「新秩序」は、日本の「強力的な一方的手段」によっては、できるものではないのである。(148)また「新秩序」の内容として一部に提唱されている「東亜協同体」論にしても、それが中国の積極的参加を前提としない限りは成り立ちえない。(149)現実には「東亜協同体」論は、抗日民族統一戦線によって明白に拒否されている。この現実との対比において、尾崎は、『東亜協同体論』がいかに惨めにも小さいかは、これをはっきりと自ら認識すべきである(150)」と断言する。

他方、細川もまた日中戦争が「未曾有の広さ深さにおいて、支那民族を民族的自覚に達せしめた(151)」事実に注目し、「東亜協同体論は、未だアジア大陸の革命的事態を正当に……認識してゐない(152)」と批判する。そして細川はかつて革命中国とこれを支持する日本との自主対等の結合を説いた孫文の大アジア主義の構想に強い共感を示し、現在もなお日本国民がこれを深く玩味し、国策に資すべき価値があると主張する。(153)つまり、それは中国が半封建性と半植民地性とを克服しようとする革命の過程で、日本がこれを支持し、これに協力することを通じてのみ「新秩序」をつくり出すことができるということである。

こうして、尾崎と細川とはともに、中国革命の進行を促進することが「新秩序」の形成を促進することであるという見解に立ち、現在における革命の主動力は何か、より具体的にいえば民族統一の主動力は何かに注目する。まず国民党について、尾崎は、その本質を地方諸軍閥を吸収した中央大軍閥としてとらえる。(154) 軍閥は、尾崎によれば、中国社会の半封建性および半植民地性を集中的に体現したものであり、(155)「官僚の特殊の一形態」(156)である。従ってそれは本来革命の主動力としては限界をもっている。中国社会の停滞性を打破し、政治的独立を達成する十分な力をもっていない。このことが日本の大陸進出を誘発する有力な原因の一つとなった。(157) このような国民党に対する評価は、既にのべた矢内原のそれとは全面的に対立するものであり、国民党のリーダーシップによる中国の資本主義化と政治的統一について楽観的見通しを持っていた矢内原に対して、尾崎は批判的であった。(158)

細川もまた国民党と英米との結びつきを指摘し、「南京政府による支那の統一建設の方策は、その進行と共にますます……英米帝国主義の支那進出に対し、その途を開く大勢をつくった」(159)として、国民党が中国社会の半植民地性を打破する努力に逆行したことを批判する。ただし、両者ともに、日中戦争勃発以降の国民党の変質の徴候を認めており、(160) それが中国共産党の影響力の拡大に結びつけられているのである。

では中国共産党の動向はどのように評価されていたか。尾崎はまず日中戦争が中国の国民経済の全領域を破壊し、資本主義化の可能性を挫折させたと判断した。(161) しかも他方では民族統一は進展し、その過程で中共の影響力は増大したと評価した。(162) そしてこの二つの事実から「支那経済そのものの非資本主義的進行の新たなる基礎条件が準備されてゐるとも見るべきではあるまいか」(163)という結論を出したのである。「非資本主義的」とは、彼の真意に従えば、「社会主義的」といいかえるべきであろう。彼は、矢内原の中国資本主義化の楽観的見通しを批判した際にも、「非資本主義的発展の可能性」[164]について注意を喚起すべきであるとのべている。

他方細川もまた、中共は「満洲事変の勃発を南京政府以上に利用し、全国大衆を動かして三民主義の裏切者たる同政府を否応なく自己の方策に転化せしめた」[165]と評価する。従って日中戦争勃発以降の「支那統一における空前の発展」の「主要動力」は中共にあるのである[166]。

こうして、彼らは民族戦争としての日中戦争における中共の役割を、当時にあっては例外的に正確にとらえることによって、日中戦争後の「新秩序」について、真実に迫るイメージをもちえたのである。

ところで、前節において、満州問題に対する国際法学界の反応をとり上げ、それを通して普遍的国際法秩序の思想がゆらいできたことを指摘した。この節では、最後に、「東亜共栄圏」という政治的現実の発展に伴って、国際法における普遍主義がどのようにして否定され、地域主義的理論化がどのように行われようとしたかを検討したい。一九四〇年一一月、政府によって、日満支のみならず、仏印・蘭印等をも含めた地域協同体としての「大東亜共栄圏」が提唱されるや、日本の国際法学界は、これに応えて、「大東亜共栄圏」の対外関係および対内関係を規律する法としての「大東亜国際法」の構築に乗り出した。その際モデルとして重視されたのは、一つはナチス・ドイツの法学者たち――とくにカール・シュミット――によって提唱された欧州新秩序の国際法、すなわちドイツを中心とする欧州広域国際法(Das Völkerrecht des europäischen Großraum)の理論であり、また一つは、モンロー・ドクトリンにあらわれたアメリカを中心とするアメリカ大陸の国際法秩序である。これらは、いずれも普遍主義的国際法秩序に対して「地域主義」の原理を対置したということから、「大東亜国際法」の先駆として評価された。モンロー主義は、前節で言及したように、満州問題の発生以来、中国大陸における日本の行動を正当化するために、しばしば援用されたが、日米開戦後も研究テーマとしてとり上げられることが少なくなかった。たとえば、松下正寿『米洲広域国際法の基礎理念』(一九四二年)は、モンロー主義を「大東亜国際法」の素材として動員するという明確な目的意識をもってかかれたものである。[167]

欧州広域国際法の理論は、モンロー主義を重要な先例として、カール・シュミットによって構成されたものであるが、これは日独の政治的軍事的提携関係の進展に伴って、日本の国際法学界に大きな影響を与えた。当時東京帝国大学の国際法の教授であった安井郁は、その代表的な紹介者の一人である。[168]安井らの紹介を通してシュミットの理論が「大東亜国際法」にとって有用であると認められたのは、主として次の二つの点である。第一は、国際法が抽象的・普遍的な規範体系ではなく、諸国家・諸民族間に具体的に存在する「具体的秩序」(konkrete Ordnung)としてとらえられていることである。[169]シュミットは法の概念を三つの型に分け、「規範」(Norm)・「決定」(Dezision)・「具体的秩序」のうち、もっとも現代的な概念は「具体的秩序」であるとした。[170]シュミットの国際法観念はこのような基本的立場に由来するものである。普遍的国際法に挑戦し、「東亜共栄圏」という「具体的秩序」に法学的表現を与えようとしていた日本の国際法学界にとって、シュミットの国際法観念は有力な支柱となりうるものであった。

第二は、シュミットが「具体的秩序」としての国際法を地域秩序としてとらえたことである。すなわち、国際法を一定の地域——シュミットのいう「広域」(Großraum)——と結びついた諸国家・諸民族の法としてとらえたことである。[171] たとえば、モンロー主義は、アメリカ大陸という「広域」の国際法である。[172] それは欧州についても、また東アジアについても当然考えられる。しかも、特定の「広域」の秩序を保障するものとして、「盟主国」(Reich)が前提される。[173] Reichは、アメリカ大陸における合衆国のごとく、欧州におけるドイツのごとく、「広域」の外からの干渉を阻止する役割を担うものである。従って「広域」はReichなくしては存在しえない。Reichが「広域」に先行し、「広域」を決定するのである。このような理論が日本を「盟主国」とする「大東亜国際法」の観念を生み出す媒体となり得たことは容易に想像されよう。

しかるに、日本の国際法学界にとって悲劇的であったことは、「大東亜共栄圏」そのものが現実から遊離した政治的イデオロギーであり、「具体的秩序」ではなかったということである。すなわち、具体的秩序思想(konkretes Ordnungsdenken)によって触発された「大東亜国際法」は、具体的秩序思想そのものによって論理的に否定されざるを得なかったのである。

むすび

以上にのべたところからも明らかなように、一九三一—四一年の日本の対外関係研究は、一般的には、次の二つの傾向によって特徴づけられる。一つは、第一次世界戦争後の国際秩序を支えた民族主義を前提とする普遍的国際主義の理念の崩壊である。現実の国際秩序、すなわちヨーロッパにおけるヴェルサイユ体制、極東におけるワシントン体制は、欧米、とくに英米の支配体制としてとらえられ、普遍的国際主義は、それを隠蔽するイデオロギーとして権威を剝奪される。従って反国際主義は、反英米と同一視され、場合によっては反帝国主義とも同一視されることによって、一部のマルクス主義者をも引きつけたのである。

またもう一つは、普遍的国際主義に代わる「地域主義」の台頭である。これは、「大東亜共栄圏」にいたる日本の軍事行動による占領地域の拡大と対応している。「地域主義」は、欧米帝国主義と対置され、欧米帝国主義が形成した「旧秩序」を打破する「新秩序」の原理としてとらえられる。すなわち、「地域主義」によって基礎づけられた極東の国際秩序が、世界新秩序の一環としての「東亜新秩序」であったのである。日中戦争は「東亜新秩序」を目的とするものであり、従ってそれは「旧秩序」を代表する英米との戦争に発展せざるを得なかったのである。

(1) 清沢洌『日本外交史』下巻(東洋経済新報社、一九四二年)四四三頁。
(2) 立作太郎『時局国際法論』(日本評論社、一九三四年)五頁、一九頁。
(3) 同右、二一頁、一四頁。
(4) 同右、三五頁。

(5) 同右、二五一―二五二頁。
(6) 同右、二五三頁。
(7) 同右、二五四頁。
(8) 信夫淳平『満蒙特殊権益論』(日本評論社、一九三二年)五四〇頁、五一九―五二三頁。
(9) 同右、五一二頁。
(10) 神川彦松「満洲委任統治論」(『国家学会雑誌』第四六巻第四号、一九三二年四月)九七、一〇〇、一一一頁。
(11) 横田喜三郎「満洲事件と国際法」(『国際法外交雑誌』第三一巻第四号、一九三二年四月)四六―四七頁。
(12) 芳沢は、連盟理事会において、日本守備隊一万に対し、中国軍二二万が存在していたこと、殊に事件が発生した奉天付近には日本軍五〇〇に対し、中国軍二万五〇〇〇が駐屯していたことを指摘し、このような状況においては、満州在住数十万の日本人の生命財産を守るために、自衛行為として、数都市を占領することが必要であったとのべた。
(13) 横田「満洲事変と国際連盟」(『帝国大学新聞』一九三一年一〇月五日)。
(14) 横田「満洲事件と国際法」前掲、四九―五二頁。
(15) 横田「満洲事件とフーヴァー主義」(『国際法外交雑誌』第三二巻第一号、一九三三年一月)四七頁。
(16) 同右、七六頁、八一頁。
(17) 一九二〇年代の後半にヨーロッパに留学した横田は、ハンス・ケルゼンの純粋法学の影響を強く受け、帰国後純粋法学の体系によって、彼の国際法学をつくり上げた。
(18) 横田「紹介・立作太郎『時局国際法論』」(『国際法外交雑誌』第三三巻第八号、一九三四年一〇月)九三頁。
(19) 本稿二「日中戦争と『新秩序』」参照。

(20) 吉野作造『対支問題』(日本評論社、一九三〇年)一五三頁。
(21) 吉野「民族と階級と戦争」(『中央公論』第四七巻第一号、一九三二年一月)二八頁、三二頁。
(22) 同右、三三頁。
(23) 蠟山政道「満洲事変と国際連盟」一九三二年七月(蠟山『世界の変局と日本の世界政策』巌松堂書店、一九三八年所収)二二頁。
(24) 蠟山『日満関係の研究』(斯文書院、一九三三年)二一八頁。
(25) 同右、二一九頁。
(26) 同右、二二五頁。
(27) 同右、一九二―一九三頁。
(28) 蠟山「満洲事変と国際連盟」前掲、二二一―二三頁。
(29) 同右、二三―二五頁。
(30) 同右、二八頁。
(31) 彼は、当時は、日満ブロック経済なるものは、ソ連やアメリカのような大陸国家を中心とするブロック経済とは根本的に異なるものであり、日本のように、それ自身が大陸国家でないような国家は、ブロック経済をつくってはならないと述べている。(「世界の再認識と地域的国際連盟」一九三三年一二月、蠟山『世界の変局と日本の世界政策』前掲、所収、一〇一頁)
(32) 蠟山「満洲事変と国際連盟」前掲、二六頁。
(33) 蠟山「国防と外交との連関」一九三三年一一月(蠟山『世界の変局と日本の世界政策』前掲、所収)一五六頁。
(34) 蠟山「世界の再認識と地域的国際連盟」前掲、一〇二頁。

(35) 神川「亜細亜連合乎極東連盟乎」(『国家学会雑誌』第四七巻第四号、一九三三年四月)九〇頁。
(36) 蠟山は、一九三三年頃から、外交政策の基礎として、普遍的国際法や条約のみでなく、政治地理学的条件が重大であり、そのためには、Geopolitik の思考様式を学ぶことが必要であると主張した。(「世界政策と我が外交原則」一九三五年三月、蠟山『世界の変局と日本の世界政策』前掲、所収、三一八—三一九頁)
(37) 蠟山『日満関係の研究』前掲、二四八頁。
(38) 同右、二四九頁。
(39) 同右、二六一頁。
(40) 蠟山「満洲時局に対する観察」『新天地』一九三二年二月、橘樸「独裁か民主か」(『橘樸著作集』第二巻、勁草書房、一九六六年所収)七六頁所引。
(41) 橘、同右、七五頁、七九頁所引。
(42) 本稿**二**「日中戦争と『新秩序』」参照。
(43) 鹿島守之助「新平和主義」一九三五年四月(鹿島『現代の外交』外交時報社、一九三七年所収)四頁。
(44) 同右、五頁。
(45) 鹿島「新平和機構の提唱」一九三五年四月(同右、所収)一四頁、一六頁。
(46) 同右、二一—三頁。
(47) 鹿島「太平洋展望」一九三五年一月(同右、所収)二二一—二二三頁。
(48) 鹿島「連盟の改組と汎ヨーロッパ問題」一九三六年(同右、所収)三七頁、五二頁。
(49) 同右。
(50) 同右、二三頁。
(51) これは15㎝×22㎝、全一三六頁の小冊子で、表紙には、左上から右下にかけて『㊙満洲問題解決案(未定稿)(以印刷代謄写)』とある。東京大学法学部所蔵の吉野作造文庫にその一冊があり、それを参照した。「はしがき」には「我々は、満洲問題の解決如何が、我国の将来にとつて極めて重大な関係を有することに鑑み、目下その解決に必要なる基礎的研究を行つてゐるものであるが、連盟調査委員の再度の来朝、満洲国の単独承認運動の擡頭等により、この問題の解決案が実際問題として関心せらるゝに至った昨今、この際我々の研究を一応纏めて見ることが時宜を得た処置であると考へ、とりあへず志を同うする人士の高覧に供することとした」(同右、一頁)とある。

(52) 同右、七五頁。

(53) 同右、七九頁。

(54) 同右、九七―九八頁。

(55) 同右、一〇〇頁。

(56) 矢内原は、J. A. Hobson, *Imperialism: A Study* (1902, 3rd ed., 1938)の影響を受け太平洋戦争後これを翻訳し、出版した。また、ヒルファーディングについては、その*Das Finanzkapital* (1910)の中の第三編の帝国主義研究の方法に強い感銘を受けた。

(57) 『帝国主義下の台湾』(岩波書店、一九二九年)・『南洋群島の研究』(岩波書店、一九三五年)等がそれである。

(58) 一九三二年八月、長春からハルピンに向かう列車に乗車していた矢内原は、他の乗客とともに、張学良軍および土着民の襲撃を受けた。彼自身は、危うくも難を免れたが、この時の体験は、彼をして、満州問題の本質が民族問題であることを深く感じさせた。彼が一九三七年右翼および政府の圧迫によって大学を離れるに当たり、個人雑誌に発表した手記によれば、この旅行は、彼の学問と彼の信仰とが一致して、満州問題に対立する契機となった。(矢内原忠雄『私の歩んできた道』東京大学出版会、一九五八年、一〇〇頁)

(59) 矢内原忠雄『満洲問題』一九三四年（『矢内原忠雄全集』第二巻、岩波書店、一九六三年所収）四八七頁。

(60) 同右、四八三頁。なお、彼はこの書物を刊行するに当たって、その意味について次のようにのべている。「言論自由の制限せられたる今日に於ては、論述及び用語に特別の注意を要し、おのづから隔靴掻痒の感を免れ難い。併し乍ら往々にして空疎なる迎合的議論の行はるる今日、本書の如きも亦無きに勝ると信じて公刊するものである。」（同右）これは、彼の強い学問的使命感を感じさせる。

(61) 同右、四九八頁。

(62) 同右、四九九頁。

(63) 同右、五三一頁。

(64) 同右、五三四頁。

(65) 同右。

(66) 同右、五三五頁。

(67) 同右、六〇三頁。

(68) 同右、五四一頁。

(69) 同右、五四六―五四七頁。

(70) 同右、五四七頁。

(71) 同右、五四二頁。

(72) 同右、五四一頁。

(73) 同右、五四八頁。

(74) 同右。

(75) 同右、六一八頁。

(76) 同右。
(77) 同右、五六九―五七一頁。
(78) 同右、五八八―五八九頁。
(79) 同右、五八八頁。
(80) 同右、五八三頁、六三二頁。
(81) 同右、五九七―五九九頁。
(82) 同右、六三二頁。
(83) 矢内原「支那問題の所在」(『中央公論』第五二巻第二号、一九三七年二月)一〇頁。
(84) 同右、一七頁。
(85) 彼は、一連の論文および講演の中で、さまざまの間接的な表現に託して、日中戦争が「国家の理想」に反するものであること、このような戦争を遂行する日本国家は、一まずほうむられなければならないことを訴えたが、このような彼の信念が、彼にさまざまの非難と攻撃を招いた。
(86) 矢内原は、右翼および政府の圧力によって大学を去ることを余儀なくされ、横田は、教授会が承認した博士の学位の取得を、文部省によって妨害された。
(87) 清沢『日本外交史』下巻、前掲、五七六頁。なお、清沢のこの書物は、日米開戦後の一九四二年に公刊されたが、その内容の大部分は、すでに一九四一年六月に公刊されたその予備的著作『外交史』(東洋経済新報社)に入っているので、あえてこれを検討の対象とした。
(88) 同右、四二六頁。
(89) 同右、四九二頁。
(90) 同右、五五八頁。

(91) 同右、四〇八頁、四一六頁。
(92) 同右、四〇七頁。
(93) 同右、四一二頁。
(94) 同右、四一九頁。
(95) 同右、四三八頁。
(96) 同右、四一八頁。
(97) 同右、四一九頁。
(98) 同右、四二〇頁。
(99) 同右、四六五頁。
(100) 同右、四八一頁。
(101) この書物は、東京帝国大学法学部において行われた特別講義の草稿を基礎として、一九四二年に公刊されたが、「この特別講義の行はれたのは、日米両国間の外交折衝の努力が最後の段階に達した頃であつた。その直後大東亜戦争勃発と云ふ重大事実が起つたのである。」(高木八尺『米国東洋政策の史的考察』岩波書店、一九四二年、一頁) なお、高木のアメリカ極東政策批判は、当時のアメリカの孤立主義者ビアード (Charles A. Beard) やグリズウォルド (A. Whitney Griswold) の所説と符合している。事実高木は彼らを高く評価した。
(102) 同右、一一〇頁。
(103) 清沢は、この理由について、「支那に巨大な権益を有する英国は、自然に米国のやうに条約論に猪突することを許さない」(清沢、前掲、四六八頁) からであるとのべている。
(104) 同右、四七〇頁。
(105) 同右。

(106) 同右、六二〇頁。
(107) 同右、六二二頁。
(108) 清沢『暗黒日記』Ⅱ（評論社、一九七一年）五九頁、昭和一九年三月一七日の項。
(109) 清沢『日本外交史』下巻、前掲、四〇七―四〇八頁。
(110) 同右、五〇一頁。
(111) 同右、五〇九頁。
(112) 同右。
(113) 彼は日記の中で次のようにかいている。「日本は英国を東亜の舞台から引きあげしめるべきではなかつた。英国が居れば、相共に米国を牽制することが出来た。英国は恐ろしくない。……排英運動は素人の外交運動の最悪なる見本であつた。」（清沢『暗黒日記』Ⅰ、評論社、一九七〇年、一八〇頁、昭和一八年一一月八日の項）
(114) 清沢『日本外交史』下巻、前掲、五六二頁。
(115) 同右、四七〇頁。
(116) 信夫清三郎『近代日本外交史』（中央公論社、一九四一年）二頁。
(117) 同右、二七六―二七七頁。
(118) 同右、二七八―二七九頁。
(119) 同右、二八〇頁。
(120) 神川「東亜に於ける旧体制と新体制」（『国際法外交雑誌』第三九巻第四号、一九四〇年四月）四〇頁、四四頁。
(121) 同右、四二頁、四三頁。
(122) 蠟山『東亜と世界』（改造社、一九四一年）三二頁。

(123) 同右、三頁。
(124) 同右、二八〇頁。
(125) 同右、四頁。
(126) 同右、一〇頁。
(127) 同右、一四頁。
(128) 同右、一六頁。
(129) 同右。
(130) 同右、一七頁。
(131) 同右、一九頁。
(132) 同右、二三頁。
(133) 同右、二二九頁。
(134) 津田は、『支那思想と日本』(岩波書店、一九三八年)において、日中両国の政治思想、道徳思想、宗教、文学等の比較研究を通して、両国の文化的異質性を明らかにし、「東洋文化」の概念を否定した。
(135) 蠟山『東亜と世界』前掲、二三五頁。
(136) 同右、一〇頁。
(137) 同右、一一三頁。
(138) 同右、一九七頁。
(139) 彼らにとっては、一九四一年一二月八日に日中戦争の意味が集約されたのである。(昭和戦争文学全集編集委員会『連合艦隊の出撃』集英社、一九六四年所収「十二月八日の記録」参照)
(140) 蠟山『東亜と世界』前掲、三四六頁。

(141) 同右、三五五頁。なお、蠟山の思想的軌跡、とくに初期の普遍的国際主義から「地域主義」への転換を追跡した研究としては、松沢弘陽「社会主義と自由民主政——大正デモクラシーから民主社会主義まで」（松沢『日本社会主義の思想』筑摩書房、一九七三年所収）二九一—三〇一頁参照。
(142) 尾崎秀実『現代支那批判』（中央公論社、一九三八年）一五八頁。
(143) 同右、一八二頁。
(144) 同右、一六九頁。
(145) 同右、一八三頁。
(146) 尾崎『現代支那論』（岩波書店、一九三九年）二一一頁。
(147) 同右、二一二頁。
(148) 同右。
(149) 尾崎「『東亜共同体』の理念とその成立の客観的基礎」一九三九年（尾崎『現代支那論』勁草書房、一九六四年所収）二〇〇頁。
(150) 同右、二〇四頁。
(151) 細川嘉六『アジア民族政策論』（東洋経済新報社、一九四〇年）三三頁。
(152) 同右、四一頁。
(153) 同右、五—六頁。
(154) 尾崎『現代支那批判』前掲、一三頁。
(155) 尾崎『現代支那論』前掲（岩波版）七五—八六頁。
(156) 同右、六五頁。
(157) 尾崎『現代支那批判』前掲、五〇頁。

(158) 同右、一三八頁。

(159) 細川、前掲、二〇九頁。

(160) 尾崎『現代支那論』前掲（岩波版）一九四―一九五頁。細川、前掲、二一一頁。

(161) 尾崎『現代支那批判』前掲、三八二頁。

(162) 同右、三八三頁。

(163) 同右。

(164) 同右、一三八頁。

(165) 細川、前掲、二一一頁。

(166) 細川『植民史』（東洋経済新報社、一九四一年）五四五頁。

(167) 松下は、「大東亜国際法」を志向する立場から、モンロー主義を研究する理由を二つあげる。一つは、普遍的国際法に対立するという共通の立場から、また一つは、「大東亜国際法」の「思想闘争」の対象であるということからである。（松下正寿『米洲広域国際法の基礎理念』有斐閣、一九四二年、七―八頁）

(168) 安井郁『欧洲広域国際法の基礎理念』（有斐閣、一九四二年）参照。

(169) 同右、三九頁。

(170) Carl Schmitt, *Über die drei Arten des rechtswissenschaftlichen Denkens* (Hanseatische Verlagsanstalt, Hamburg, 1934) S. 7, u. SS. 66–67.

(171) 安井、前掲、六四―六五頁。

(172) 同右、六九頁。

(173) 同右、七七頁。

9　革命期のリーダーの原型
——マキアヴェッリにおける「予言者」と「君主」——

　第一次および第二次世界戦争の戦間期から戦後期にかけて活躍した英国の政治学者ハロルド・ラスキは、「マキアヴェッリと現代」というエッセイを書いている。これを書いた一九二〇年代当時のラスキは、従来の単一主権国家の概念（遡れば、マキアヴェッリが構想した権力国家概念を、ジャン・ボーダンが内的に補強した法治国家概念）を否定し、国家を多元的な社会集団の競合と均衡の場としてとらえる、いわゆる「多元的国家論」の立場に立って、彼の同時代を、マキアヴェッリが生きた一六世紀や啓蒙の時代の一八世紀と同様に、思想家たちの主要な業務が、継承した伝統の解体と放棄にあるような時代として認識していた。

　ラスキによれば、同時代の環境を改変することのできる、さまざまの路線のうちで、とくに注目を引き、突出しているのは、マキアヴェッリが教えた福音であった。「ある意味でそれは最も容易な選択肢である。それは最も明白な人間の偏見に訴え、他の路線に比して、骨の折れる省察の義務を求めないからである。」「しかし」とラスキは言う。「それは死の福音である。そしてそれは不安定な均衡の時代に提供されるために、一層惨禍をもたらす。それは混乱を引き起こすことに関心をもつ全ての者から支持を招く。それは不公正に対する闘争にうんざりしている全ての者を説得しようとする傾向をもつ。……事実において、マキアヴェッリ自身が見たように、それはそれが破壊しようとする全ての悪を永続させる以外の展望を提供しない。」

以上の理由から、ラスキは「現代」におけるマキアヴェッリに対して次のような断固たる結論を下す。「現代のような、伝統、理念、基準が坩堝に投げ込まれるような時代は歴史の創造的な時期であるために、それだけ一層危機の時代においてはマキアヴェッリの福音を拒絶することが重要である。」

このようなラスキの反マキアヴェッリ的態度は、決してマキアヴェッリの言説が含む絶大な真実を否定することを意味するものではない。とくにラスキはマキアヴェッリ思想全体に占める『ディスコルシ』の重要性を強調し、それが与える教訓として、「共和政ローマの高貴さ」、「民主政の価値」、「独裁的帝政の邪悪さ」等を挙げた上で、「これらは通常理解されているマキアヴェリズムの格率ではない。」と指摘している。そしてラスキは、『君主論』はマキアヴェッリの信条の要約ではなく、断片的部分にすぎないとしてその意味を相対化している。つまりラスキは、マキアヴェッリが心底からフィレンツェ共和国とともに、古代共和政ローマを投影した理念としての大イタリアに忠誠を捧げており、レアルポリティークの華々しいショーにもかかわらず、「彼の地図にはユートピアが記されている。」と見た。この点は、ルソーが『社会契約論』の中で明示している共和政論者マキアヴェッリに対する高い評価、「マキアヴェッリは、誠実な人、よき市民であった。しかしメディチ家と結びついたために、祖国の圧制のうちにあって、自由への彼の愛を偽装しなければならなかった。」という評価と共通するものがあった。

しかしラスキによれば、マキアヴェッリの「ユートピア」とその実現の任務を託す現実の人間との間には、その精神的な高さにおいて巨大な落差があった。しかも歴史は強力な介入がなければ、もっぱら「運命」（マキアヴェッリのいう「フォルトゥーナ」）の恣意に委ねられる。マキアヴェッリは歴史の進歩の観念、あるいはその可能性さえ信じない。したがって歴史において「ユートピア」を実現させるものは、「フォルトゥーナ」が与える機会を逃さず、それをとらえる人間の卓越した決断力および行動力（マキアヴェッリのいう「ヴィルトゥ」）以外にはない。「ヴィルトゥ」は精神性のみならず、自然性（場合によっては「狐」や「ライオン」のような野獣性）をも備えていなければならない。したがって「ユートピア」の実現のために必要な「ヴィルトゥ」を担う人間（政治人）には道徳的尺度は適用されない。もしそれが適用されるとすれば、マキアヴェッリにとっては政治人は大抵の場合に邪悪である。「ユートピア」の実現のために邪悪な人間をも必要とする状況が、マキアヴェッリの格率が適合する状況であったのであり、ラスキは「マキアヴェッリのいった全てのことは、彼が主として知っていたような人間から全面的に成り立っているような世界については疑いもなく真実である。」と述べている。いいかえれば、ラスキによれば、マキアヴェッリが措定した命題は状況が異常な場合にのみ妥当するのであり、「不安定な時期における政治的成功は、目標に到達する手段には無頓着な、有能にして仮借なき冒険者に帰属する。マキアヴェッリは卓越した洞察力をもって、そのような異常な時代にとっての永遠の法則を措定した。」とラスキは指摘している。

以上のようにラスキが指摘した、マキアヴェッリの命題が妥当する「異常な時代」は、もちろんマキアヴェッリの同時代に限られなかった。ラスキは、彼のマキアヴェッリ批判の先蹤であるアクトンがバード版『君主論』に寄せた「序文」の中の一文「彼は現代世界における、ある生ける力の最も早い、意識的かつ明確な唱道者である。（宗教も進歩的啓蒙思想も、世論の不断の警戒も彼の帝国を縮小してはいないし、彼の人間概念の正しさを論破してもいない。）」を引用しながら、マキアヴェッリが問題とした状況（いわばマキアヴェッリ的状況）の普遍性について、「人々がその目的が余りにも偉大であり、それを達成するためのコストを計算することは無用であると熱烈に感ずる場合には、そこには必ず、意識すると否とを問わずマキアヴェッリの弟子が存在するであろう。」と述べている。ちなみに、アクトンは前記の「序文」の中で「マキアヴェッリの最も著名な英国人の弟子」としてフランシス・ベーコンを挙げ、「目的を把握しながら、手段は認めないと考えることは、権力の文法違反である。」というベーコンの有名な格率を引用している。またラスキは「マキアヴェッリの最も偉大な英国人の弟子」としてトーマス・ホッブズを挙げ、両者の人間観や人生観の共通性に着目している。ラスキによれば、マキアヴェッリは一六世紀のイタリアのために「権力の文法」(a grammar of power) を書き、国家が強力かつ持続的でありうる唯一の方法を説いたが、その筆致の辛辣さと鋭利さに匹敵しうるのは、ベーコンとホッブズのみであった。ラスキは一九二五年に自らの政治学の体系を明らかにした『政治の文法』(*A Grammar of Politics*) という著書を世に問うたが、これはマキアヴェッリやその弟子たちの「権力の文法」を念頭において、これに対抗する意味をもっていたと思われる。

ラスキが指摘した、目的が手段の考慮を無用とするという格率が支配的となる状況、いわばマキアヴェッリ的状況は、最も顕著には「革命期」(a period of revolution) に現出する。一九二〇年代のラスキは、同時代のレーニンやムッソリーニをマキアヴェッリ学派に位置付けた。「というのは、あらゆる革命のリーダーは、深淵の縁に立っており、その不安定な足場を守るために、彼自身に対して企てられたならば、悪の極致と断言するような事を他者に対して行おうとする。……レーニンの追随者たちは、ボルシェヴィズムの行き過ぎは、その究極の目標を達成するための些少な代価であると主張している。そしてムッソリーニの弟子たちは共産主義の教義という黴菌に対抗するために、イタリアに対して予防接種を行おうと努めているという理由で、ファシズムの蛮行を弁明している。」というのがラスキの見解であった。ラスキと同世代に属する日本の政治学者・蠟山政道もまた「革命動乱期に於ける公式的理論」たる点において、また「権力技術の創造性」の認識において、「レーニズム」と「マキアヴェリズム」との親近性を指摘し、「レーニズム」を「現代に於けるマキアヴェリズム」とみなした(本書II-7を参照)。

ラスキのいう「革命期」のリーダーとして、マキアヴェッリは二つの原型を鋳造した。一つは、二〇歳代後半のマキアヴェッリが生地フィレンツェにおいて直接にその政治を体験した修道士サヴォナローラによって体現される「予言者」である。「予言者」の政治の手段は、ことばである。「予言者」は、ことばによって多数者を説得し、多数者の支持によって権力を獲得する。しかるに「予言者」はことばが力を失ったとき、ことばに代わる権力維持の手段をもたない。それがマキアヴェッリによれば、サヴォナローラの没落の原因であった。マキアヴェッリはことばが信じられなくなった時、なおそれを信じさせるのは物理的強制力以外にはない、と考えた。そこから『君主論』の読者を震撼させる命題、「武装した予言者はみな勝利をおさめ、備えのない予言者は滅びるのだ。」が出て来るのである。

この命題を、ロシア革命の指導者トロツキーの政治的生涯に重ね合わせたのがアイザック・ドイッチャーのトロツキー伝三部作である。すなわちドイッチャーはトロツキーの政治的生涯を、「武装した予言者」の時期、「武装なき予言者」の時期、そして「追放された予言者」の時期に三分し、その政治的成功と没落とを説明した。ドイッチャーは自らのトロツキー伝が「マキアヴェッリの述べていることの真実性を具体的に示している」ことを強調している。トロツキーの政治的生涯は、ドイッチャーに従えば、一方でモーセやキュロス、テセウスやロムルスの成功と他方でサヴォナローラの没落とを、ともに体現していた。

しかし同時にドイッチャーは、「武装した予言者」トロツキーの政治的成功がそれをもたらした最も重要な要因である「予言」それ自体の実現の障害となるにいたった事実を指摘している。ドイッチャーによれば、「彼らの党は……言論と結社の自由を労働階級と貧農に保証してきた。トロツキーほどいくども熱烈に、その誓いをくり返してきたボルシェヴィキの指導者はなかった。そしていまや彼ほど明確に、その履行を拒否した者はなかった。」そしてドイッチャーは、次のような深刻な疑問を投げかける。「権力の絶頂でトロツキーはつまずいた。……武装し勝利を得た革命の予言者が自分自身の予言の主旨と撞着するにいたらしめたものは何であったか。」

トロツキーの予言に帰依し、その人格に傾倒していたドイッチャーにとっても、トロツキーの勝利は敗北への転機であった。それは「勝利における敗北」と形容された。赤軍の創設者として、軍事人民委員として、文字通り「武装した予言者」を体現していたトロツキーが権力の頂点を極めた一九二一年以降、スターリンの台頭とともに、「武装なき予言者」へ転化したことが、一面で確かに「予言者」の没落を説明するマキアヴェッリの「権力の文法」の公式に当てはまることは言うまでもない。この点は、ドイッチャー自身が「マキアヴェッリの観察は確かに事実に即したものである。」と認めている。しかし他面でドイッチャーは、マキアヴェッリの公式が必ずしもトロツキーに当てはまらないことをも指摘している。ドイッチャーはトロツキーがむしろ「武装なき予言者」として勝利への道を切り開き、「ついで……彼が武力を持ち、勝利をおさめ、武力の重圧にかがみこまされているのを見る。」すなわちドイッチャーによれば、トロツキーの場合には武力は必ずしもその予言者としてのことばの力を補強せず、むしろことばの本来の力を減殺した。「武装した予言者」は、もはや本来の「予言者」たりえないのである。ことばと武力とは、政治的価値として本来相容れないからである。したがってマキアヴェッリのいう「武装した予言者」は、厳密にいえば形容矛盾というべきであろう。

マキアヴェッリが鋳造した、もう一つの革命期のリーダーの原型が「君主」である。サヴォナローラの没落後に成立したフィレンツェ共和国の外交官として、マキアヴェッリはヨーロッパの多くの君主と接触する機会をもったが、その中で彼がその背徳者的行動にもかかわらず、政治的能力を最も高く評価したチェーザレ・ボルジアが「君主」のモデルとなった。

「君主」を一六世紀イタリアの変革の主体とみなす見地から、マキアヴェッリ思想の本質的革命性を強調したのは、イタリア共産党の創立者の一人であり、同党書記長を務め、ファシスト政権によって一九二六年以降一〇年余の獄中生活を余儀なくされたアントニオ・グラムシである。グラムシによれば、『君主論』は政治的な科学とイデオロギーとが融合した「神話」である。それは想像力に働きかけ、政治的統一をもたらす「集合的意志」の形成を呼びかける。『君主論』の文体は、行動を孕んだ文体であり、政治マニフェストの文体である。「君主」は「集合的意志」の象徴であって、「集合的意志」の形成へ導く主体である。グラムシによれば、『君主論』においては「特定の集合的意志の形成過程が、……原理や基準についての……論究や分類作業を通じてではなく、ある一人の具体的な人物に要求される資質と性格、彼が担うべき義務と必要が何であるかを列挙しつつ、描きだされている。そして、……マキアヴェッリが説得しようとしている人物の芸術的想像力を働かせ、政治的情熱に一層具体的な形態を与えることが目論まれている。」マルクス主義を静態的な経済決定論から解放し、「実践の哲学」たらしめようとしていたグラムシにとって、革命期における主体的な政治的リーダーシップを模索する『君主論』は、将来のマルクス主義にとっての一つの豊かな源泉と見られたのである。

もちろんグラムシにとって「現代の君主」は具体的な個人ではありえない。それは「複合的な社会的要素」であって、「普遍的かつ全体的なものになろうとめざしている集合的意志の萌芽」の「要約」としての「政党」である。その基本的任務は一六世紀のイタリアの「君主」と同じく、「人民的―国民的な集合的意志の形成」とそのための経済的改革およびそれと結びついた知的道徳的改革である。したがって、あらゆる価値判断は「現代の君主」の観点からなされなければならない。端的にいえば、グラムシにとって善悪・利害は「現代の君主」の権力を増大させるか否かによって判断される。それはまさにグラムシを通してのマルクス主義における「君主」の再生であった。

政治の問題は、目的・手段の関係をいかに設定するかという問題である。マキアヴェッリは、この問題を手段が目的合理性を超える極限の状況において考えた。だからこそマキアヴェッリの考察は、あらゆる時代とあらゆる党派に訴える永遠の教訓を含んでいる。それはいわゆるマキアヴェリアンよりも、むしろ反マキアヴェリアンに対して厳しい思考を求めることによって、絶大な教訓を与えた。最も戦闘的な反マキアヴェリアンであったアクトンが「権力は腐敗する傾向を持ち、絶対的権力は絶対的に腐敗する。」という不滅の真理に到達したのは、まさにマキアヴェッリの教訓からであった。

Ⅲ　学問と価値観

1　学外と学内
――長谷川如是閑のアカデミズム観――

明治末期から昭和戦後期にわたって活動した大ジャーナリスト長谷川如是閑《によぜかん》は、東京帝国大学に対する厳しい批判者であった。その態度は、一九二一年に彼が書いた「門」というエッセイの次の一節に端的に表れている。「凡そ私の嫌ひな門といつたら、本郷の帝大の正門だ。石門で、花崗石で、鉄の扉で、私を忌やがらせる条件をすつかり具備してゐる上に、その条件が馬鹿馬鹿しく偉大で、その中にゐる先生のうちの一番下らない人達と同じく、白痴《こけ》を威《お》どしてゐる形だ。」

如是閑は当時東大正門を、社会に対して自らを閉ざし、社会を威嚇する大学の反社会性の象徴と見たのである。国家よりも社会そのものを重んじた彼は、大学の学問が社会の発展を促進するような働きをしていないことに強い不満をもっていたのである。

しかしそのことは、如是閑が本来のアカデミズムの社会的効用を認めなかったということでは決してない。むしろ逆に彼は歴史的に集積された系統的知識としてのアカデミズムが社会の発展にとって必要であり、また必然であることを理解していた。そしてその意味のアカデミズムは個性だけの産物ではなく、文化的集積を目的とする特定の社会の産物であることを認めていた。

一九三九年の河合栄治郎経済学部教授の著書発禁問題とそれをめぐる経済学部教授会の内紛とに終止符を打つために、平賀総長の下で強行された「粛学」によって経済学部教授会が壊滅状態となり、その再建が問題となっていた当時、如是閑は「学外と学内」と題する小文を書き、再建のための人事が「学外」的興味によることなく、あくまで「学内」の基準によって行われるべきことを、あえて「学外」から説いた。「大学の講義はジャーナリズムでも芸術でも娯楽でもない」というのが彼の見解であった。長谷川如是閑のジャーナリストとしての卓越性は、アカデミズムの意味を深く理解し、それを危機において擁護した点に表れている。

2　中央大学の政治学
——二つの原点——

私の見るところでは、中央大学の政治学の伝統には、少なくとも二つの主要な系列がある。一つは、法律学的政治学であり、もう一つは社会学的政治学である。私は、第一の法律学的政治学の原点を、中央大学が英吉利法律学校の時代から刊行してきた伊藤博文による明治憲法の注釈書『憲法義解』の英語版に求めたい。『憲法義解』のオリジナルの日本語版は、帝国大学法科大学関係者を中心とする国家学会が伊藤から版権の寄贈を受け、明治憲法が発布された明治二二（一八八九）年の六月一日付で刊行したが、それから少し遅れて六月二八日付でその英語版が英吉利法律学校（総代高橋健三）によって刊行された。これは憲法起草の際伊藤博文のアシスタントを務めた伊東巳代治が日本語版を英語に翻訳したものの版権を、伊藤博文の指示によって英吉利法律学校に寄贈したものであった。*Commentaries on the Constitution of the Empire of Japan* がそれであり、それ以後中央大学代表者が発行者となり、第三版まで刊行されている。

『憲法義解』英語版が明治憲法を国際的に認知させ、普及させたことの意義は大きい。外国の政治家、学者、ジャーナリストらは、主としてこれによって、明治憲法の特殊性とともに、その普遍性をも認識したのである。もし日本語版のみで英語版がなかったとすれば、いたずらに荘重難解な日本文のみからは、明治憲法の実定法的意味は伝わりにくく、その立憲主義的側面は理解されることが困難だったと思われる。

中央大学の政治学の伝統を成すもう一つの系列である社会学的政治学の原点は、英吉利法律学校の後身である東京法学院に学んだ長谷川如是閑の業績である。如是閑はジャーナリストであったが、「厳密な意味の評論」は「学問的根拠」をもたなければならないと考えた。彼は政治を分析し、評価する場合、政治が「社会進化」に適合しているかどうかを基準とした。「社会進化」とは、社会に必要な機能を果たしながら「生活するもの」（社会に必要な機能を果たすことなく、利益だけを獲得しながら、「生活を支配するもの」と区別される）本位の社会および道徳の発展を意味する。如是閑によれば、政治は「社会進化」に合致した進化、すなわち「政治進化」を遂げなければならない。そのような「政治進化」とそれを促進する政治生活の法則を発見する役割を担う科学が彼の社会学的政治学なのである。ところが現実の国家や政治は社会生活から遊離し、反社会的である。そこで「国家の社会化」や「政治の社会化」が彼の社会学的政治学の主題となる。国際政治もまた、inter-state や inter-nation から inter-social へ変化して行かなければならないと如是閑は見る。

以上に述べた二つの原点が、中央大学の政治学の特有の個性的条件であるというのが私の見解である。

3　南原繁とその二人の師
——戦後民主主義との関係において——

はじめに

南原繁にとって、その精神形成において最も決定的な影響を受けた二人の師とは、いうまでもなく内村鑑三と新渡戸稲造です。以下両者を対比しながら、南原が戦後民主主義の理念、とくにその教育理念を掲げるに当たって、内村および新渡戸のそれぞれから受け継いだものが何であったかを点検したいと思います。

一　明治日本のナショナリズムの表現としての内村の *Japan and the Japanese*（1894）と新渡戸の *Bushido: The Soul of Japan*（1899）

内村および新渡戸は、共に明治日本のナショナリズムを道徳の面で表現した英文の著書を書きました。それらは共に日本の基督信徒としての立場から、基督教を受容しうる日本固有の道徳的基盤の存在を、世界（とくに欧米諸国）に対して明らかにすることを目的として刊行されました。それらは内村のいう二つのＪ（*Jesus Christ* と *Japan*）が結びつく可能性を証明することを基本的な動機としていた点で共通していたのであり、共に外国人宣教師に対する日本の基督信徒の独立的立場を強調している点で、明治日本のナショナリズムの宗教的表現であったともいえましょう。

二　二つの著書の真の意味の国際性

彼らの著書は英語圏だけでなく、英語以外の言語（内村の著書の場合にはデンマーク語とドイツ語、新渡戸の著書の場合にはドイツ語とポーランド語）にも訳され、外国語による日本人の著書としては、岡倉天心の『茶の本』や内村のもう一冊の英文著書、*How I Became a Christian: Out of My Diary*（1895）と共に、日本以外の国々で最も広く読まれました。とくに内村や新渡戸の著書が欧米の大国だけでなく、北欧や南欧の小国の母国語にも訳され、読まれたことは、彼らの著書が題材を日本にとっていたにもかかわらず（またそれぞれに共通する強烈なナショナリズムにもかかわらず）、真の意味の国際性（あるいは普遍性）をもっていたことを意味するといえましょう。

三　教育と教育環境の共通性・同一性

　さらに内村と新渡戸には、両者が共に基督信徒であったというだけでなく、基督信徒となるにいたった教育と教育環境に共通性・同一性があり、その影響が彼らのそれぞれの英文著書にも反映し、刻印されています。そしてそれが南原を通して、戦後民主主義の一つの特質をも形成したと見ることができると思います。

武士教育

　彼らは共に幕藩体制下の武士の家（内村は上州高崎藩士の家、新渡戸は盛岡藩士の家）に生まれ、武士としての教育を受けました。内村は自己の出自に由来する特徴について、「余の家は武士階級に属してゐた、それ故に揺籃の中からして余の生れたのは戦うため――生くるは戦うなり（vivere est militare）――であった」と強調しています。また新渡戸は「私の正邪善悪の観念を形成してゐる各種の要素の分析を始めてから、これらの観念を私の鼻腔に吹きこんだものは武士道であることをようやく見いだしたのである」と自己分析しています。

札幌農学校（北海道の自然と基督教）

両者は共に開拓使札幌農学校の第二期生として学び、北海道の開発に携わる農業や水産業の技術教育を受けるとともに、北海道の自然と基督教とに出会いました。彼らは札幌に赴く前には、東京の大学予備門（第一高等中学校、さらに第一高等学校の前身）に学んでいましたが、両者はこれを中退し、一八七七年九月に札幌農学校に入学しました。彼らはクラークの薫陶を受けた第一期生の強い勧誘によって、クラークが起草し、署名した「イエスを信ずる者の契約」に署名します。また北海道の自然が与えた教育的恩恵に浴します。内村によれば、「札幌に於て私共を薫陶して呉れました最良の教師は人なる教師に非ずして、生ける其儘の天然でありました」。内村においては、自然への尊崇と愛は、終生その信仰と不可分でありました。

米国

両者は共に米国を最初の外国留学の地として選びました。内村は一八八四年農商務省御用掛を辞職し、渡米します。在米期間は一八八八年まで、実質三年間でありましたが、彼の外国生活は、これが最初であり、また最後でありました。この点では、外国生活が長く、また外国旅行を頻繁に行った新渡戸とは対照的であります。

内村と同じく、農商務省御用掛に任官した新渡戸は、一八八三年に辞職し、同年東京大学に入学しましたが、翌年に退学し、内村と同じく米国に留学しました。新渡戸の場合には、在米中の一八八七年に札幌農学校助教授に任ぜられ、さらに三年間ドイツ留学を命ぜられました。在外期間は六年以上に及び、一八九一年に帰国した後、札幌農学校教授に任ぜられました。同年内村は第一高等中学校における教育勅語に対するいわゆる不敬事件によって嘱託教員の委嘱を解かれ、以後終生にわたって、もっぱら無教会の立場での布教活動と文筆活動に専念することになります。一八九一（明治二四）年は、その後の両者の経歴の決定的な分岐点となったわけです。

このように両者は共に最初の外国生活を米国に送りましたが、その後の両者の米国観は、両者の経歴の分岐と共に大きく分岐して行きます。

四　新渡戸および内村の米国観の対比

新渡戸は学生時代（とくに札幌農学校卒業後東京大学文学部在学中）、ハーバート・スペンサー（Herbert Spencer）の社会進化論（Social Darwinism）に基づく哲学・社会学に接します。そしてその進化史観（「社会の変遷が米国式に傾くといふ論」）の影響を受けます。新渡戸は、「読史の結果デモクラシーなるものは避くべからざる世界の大勢であつて、時と場所とにより速度こそ異なれ、世界中悉くデモクラシーが風靡するものなりと、……学生時代より確信してゐた」と書いています。このような新渡戸の予感は、時と共に、一層明確な形をとります。William T. Stead, *The Americanization of the World: The Trend of the Twentieth Century*（1902）に強い印象を受けます。「彼の英国の Stead 氏が世界の米国化……と謂ふ説を発表した時、彼の同国人は之を一つの滑稽論と見做して一笑に付したが、熟々其後の経過に鑑みると、彼の言は決して左程唐突でない事が分つた。新時代の相言葉として普く世界に唱道せらるゝ民主・民本説の如きは、その根元は、国々各々趣を異にするにしても、その運用に於ては米国を以って好例とするではないか」（『米国建国史要』一九一九年）と新渡戸は述べています。そして「デモクラシー」を「武士道の延長」としての「平民道」としてとらえるのです。その観点から、新渡戸は日本人にとっての米国研究の必要を唱えるのです。

ところがこのような新渡戸の進化史観に対立して、内村は第一次世界大戦参戦以降の米国とそれを指導したウィルソン主義に終末論的見地から痛烈な批判を加えます。とくに米国の国内における非戦論への政治的社会的圧迫に強く抗議します。「ああこれ果して彼のワシントン、リンカーンの建設したる自由の米国であるか。……米国の堕落ここに至りて、人類の望みはもはや断絶したりと言はざるを得ないではないか」（「聖書研究者の立場より見たるキリストの再来」一九一八年）。内村によれば、時代の標語としての「改造」や「解放」は、「改心」や「罪よりの解放」を前提としない限り、何らの意味ももちません。「改造何者ぞ。改心の外に現れたる現像に過ぎざるにあらずや。……我らは改心を説いて、改造を唱へぬであらう。」（「改造と改心」一九二〇年）「世界はデモクラシーによつて救はれない。……大統領ウィルソンの唱ふる所たりといへども、これによつて世界は救はれない。……世界は主義によつて救はれない。」（「デモクラシーとキリスト」一九二〇年）

こうした内村の米国批判は、一九二四年の排日移民法の成立によって一層強められました。彼は積極的にそれへの反対運動に参加したのです。そして内村は「世界人類に最高文明を供せし国は孰れも小国であった。……人類の今日あるは小国、即ち歴史家の所謂 Borderland 境界国の賜物である」（「倣ふべき国」一九二四年）という歴史認識に立って、古代ユダヤ、古代ギリシャの歴史的事例を援用しながら、同時代における日本の「倣ふべき国」としてオランダ、スイス、デンマークを挙げたのであります。同趣旨の提言は、それより一三年前の「デンマルク国の話」（一九一一年）に既に見られ、戦後はこれが米軍占領下の小学校の国語教科書にまで載録されました。こうした内村の小国モデルの提唱は、当然に「日本はアメリカに倣はんとして、自己存在の理由を否定する者であると思ふ」（同上）という見解に裏付けられており、南原の戦前・戦後を貫くアメリカニズム批判に継承されたと見ることができると思います。

五　南原が戦後民主主義の基本理念として二人の師から受け継いだもの

以上に述べた所から、南原が二人の師から受け継いだ戦後民主主義の基本理念として、次の五つを挙げたいと思います。

① ナショナリズム（「国民共同体」の理念）と結びついた民主主義（内村の「平民主義」、新渡戸の「平民道」）。日本的デモクラシーの理念（一方での「アメリカニズム」批判、他方での「マルクス主義」批判の根拠）

② 教育改革を通しての「精神革命」（内村のいう「改造」に先立つ「改心」）

③　主として新渡戸から受け継いだ国際主義と「教養」（教育基本法第八条にいう「政治的教養」を含む）の理念に基づく教育。新渡戸が例示した「教養」教育とそれを通しての道徳教育
④　宗教の社会的効用を重視する「功利主義」的宗教観を離脱した「宗教教育」の理念
⑤　「正義」と結びついた「平和」

以下順次これらの五つについて説明して行きます。

①　南原は、内村・新渡戸が日本における基督教受容の道徳的基盤として示したものを、「国民共同体」として一般化し、理念化しました。それは道徳を含めて、さまざまの文化価値の実現を目指す民族を主体とする「文化共同体」であり、それが体現している「文化」の中には「政治」も含まれています。したがって南原によれば、「文化共同体としての民族は、必然にそれ自らの政治秩序と組織を持たなければならない」のです。すなわち民族国家を持たなければならないのです。デモクラシーを民族国家の政治原理として据えれば、日本においては、それは「日本的デモクラシー」とならざるをえません。それが文化共同体としての日本を支えるデモクラシーであり、「戦後民主主義」もまたそのようなものでなければならないと南原は考えたと私は理解します。南原によれば、「個人」や「人類」はそのものとしては「抽象概念」に過ぎないのであり、それらが実質を持つためには「民族」という具体的普遍が必要であります。南原は民族の意義を強調し、「民族は……人類歴史の過程において、やがて克服さるべき過程ではない。それはいわば事物の永遠の秩序に属する……」と述べています。

しかし「国民共同体」の究極的な政治原理として南原が想定していたのは、単なる民主主義ではあ

りません。とくに南原は「個人主義」に基づく「自由民主主義」は、「国民共同体」の哲学的基礎としては不十分であると考えていました。「国民共同体」にとっては、「個人主義」ではなく、「社会」それ自体に固有の価値を付与する何らかの「社会主義」が必要であると考えました。そこで南原は一方で既成のさまざまな「社会主義」、なかんずくナチズム（ドイツ国民社会主義）およびマルクス社会主義を批判しながら、他方でフィヒテ研究などカントおよびカント以後のドイツ理想主義哲学研究を通して、もう一つの「社会主義」を模索しました。その結論が南原のいう「真に社会主義の名に値する『共同体社会主義』」でありました。それは一方で社会経済生活における正義の実現を政治の役割としながら、他方で先天的な価値原理に基づく文化価値体系とそれぞれの価値を追求する自由とを前提とする「理想主義的社会主義」と名付けられたものでありました。そのような「自由民主主義」批判に基づく「社会主義」への展望をもっていた点で、南原は「戦後民主主義」の建設者であったとともに、その批判者でもあったということができるように思われます。

内村は「多数政治」と「平民政治」とを峻別し、「平民政治」の主体である「平民」を「人たるの品性を具へ、位階と勲章とに依ずして高貴なる人」、したがって「多数者」ではなく、「少数者」として意味づけ、それを歴史の現実において体現した「平民政治」のリーダーとしてオリヴァー・クロムウェルに高い評価を与えたのですが、内村によれば、「彼は進歩主義の人なりしも世の所謂自由主義の人にはあらざりし」（「余の学びし政治書」一九〇一年）と特徴づけられました。南原の「自由民主主義」批判の原型が内村のそれにあったことは否定できないように思われます。

② 南原はその師内村が第一次大戦後の日本における流行語であった「改造」について、それに実質を与えるためには「改心」が前提となると主張したのと同じ意味で、「戦後民主主義」の形成の過程で制度改革に先立つ「精神革命」の必要を強調したことは事実であります。しかし同時に南原の「精神革命」の主張は、南原独自の価値哲学に基礎付けられたものであったことに注意しなければならないと思います。南原によれば、政治的価値（正義）は道徳的価値（善）、学問的価値（真理）、さらに芸術的価値（美）と「相関関係」にあって、「文化価値一般」の中に位置づけられ、体系を成しています。したがって政治社会革命は「文化価値一般」の革命として現れ、必ず道徳、学問、芸術に関わる「精神革命」を伴わざるをえないのです。政治社会革命は、南原の価値哲学の立場からは、むしろ「精神革命」そのものであったともいえましょう。

③ 「文化共同体」としての「国民共同体」を強化するものは、その構成員の「教養」であります。「教養」とは、あらゆる専門職能の基礎となる精神的能力を養成する人間形成の過程であり、またその結果であります。南原はその意味の「教養」の概念に沿う教育の典型を、かつて彼自身が一高生徒として受けた当時の一高校長新渡戸稲造の教育に見出しました。主として一高その他の旧制高等学校で行われていた「教養」を目的とする教育を、制度改革によって生まれた多数の新制高等学校を通して一般化し、彼のいう「民衆文化」を形成しようとしたのであります。かつて彼が内務省在任中富山県射水郡長として設立した「農業公民学校」の構想は、内村が「西洋の模範国」と見なしたデンマークの農村教育機関をモデルとしたものとも考えられますが、それは事実において「教養」を中心に置いた

戦後教育改革の雛形であり、そこにも新渡戸の教育の影響を見ることができるかもしれません。

④　南原が二人の師から継承した最も重要な教育理念は「宗教に関する寛容の態度」および「宗教の社会生活における地位」の「尊重」をうたった教育基本法における「宗教教育」の理念であります。それはもちろん基督教のような特定宗教を前提としたものではなく、宗教一般に対する「寛容」と「尊重」を教育の重要な目的とすべきことを規定したものであります。それは内村が批判し、南原もまた批判した福沢諭吉の「功利主義」的宗教観、というよりも福沢に代表される近代日本の支配的な宗教観、もっぱら宗教の社会的効用を重視する宗教観と峻別されるのであります。

⑤　南原が提示した「平和」は、単なる利益や幸福としての「平和」ではなく、「正義」の追求の結果としてもたらされる「平和」であります。南原にとっては「正義」が本体価値であって、単なる「平和」は派生的価値に過ぎません。この点では「明らかな正義をも犠牲にして恥じない平和への執着」を批判した内村の立場を受け継いでいます。（ただし南原の「正義」と結びついた「平和」の主張は、「正義」を「文明」における最優先価値としたという理解を前提として、西郷隆盛の「征韓論」を支持した日清戦争当時の内村の主張の実体的内容とは合致しません。）また新渡戸によれば、日本が生み出した最高の道徳である武士道において「正義」と「平和」とは結びつかなければなりませんでした。勝海舟によって体現された武士道の「究極の理想」は「平和」であり、勝はそれを無抵抗主義によって貫こうとしたと新渡戸は強調しています。すなわち新渡戸は『海舟座談』の中の勝の発言、「私は人を殺すのが大嫌ひで、一人でも殺したものはないよ。……人に斬られても、こちらは斬らぬ

覚悟だつた」という発言を援用し、「これが艱難と勝利の火炉の中にてその武士道教育を試みられし人の言である」との共感を表明しています。

南原の「平和」の理念は軍事同盟やパワー・バランスによってもたらされるような単なる継続的な「平和」ではなく、諸国家連合や世界連邦組織を枠組とする世界政治秩序によって保障される「永久平和」であります。それは正義と利益・幸福との「総合」であります。南原はそれをカントに倣って、政治上の「最高善」と呼んでいます。南原の理解では、憲法第九条は、以上のような意味での「正義」と結びついた「平和」を究極目標として掲げているのであります。南原はカントと同じように国民の自発的な防備を認めながら、常備軍の全廃を唱えます。内村や新渡戸から南原が受け継いだ「平和」の理念は、カントを媒介として明確な政治哲学命題として定式化されたと見ることができます。

4 「民衆的」とは何か

私は日本の政治的近代の研究者として、日本近代批判のさまざまの類型に関心をもってきた。それらのうちで、おそらく最もすぐれた典型の一つが法律学者（商法学者・法哲学者）田中耕太郎の日本近代批判であろう。

田中耕太郎は、おそらく美濃部達吉と並ぶ近代日本が生んだ最高の法律学者であるとともに、卓越した思想家であった。田中の著書『教養と文化の基礎』（一九三七年）は、一九二三年から一九三六年の間に執筆された法、思想、宗教、さらには音楽に及ぶさまざまな主題についての文章を集めたものであり、田中の思想家としての独創性を証明するものである。本書を貫いているのは、「大正デモクラシー」の時代の日本における学術文化の支配的傾向とそれをもたらした日本近代そのものに対する根本的批判である。それは何よりも、「教養と文化の基礎」としての「世界観的立場」を欠いた「相対主義」や「実証主義」、さらに徹底性を欠いた「自由主義」に向けられている。「哲学なき我が社会科学」や「世界観なき学究達」が「マルキシズム」や「極右国粋主義」に対して、いかに無力であるかが強調されている。

本書に収められている異色の、しかし白眉の文章として「ベートーヴェンと民衆」がある。丸山眞男はこの文章を小林秀雄の「モオツァルト」と対比し、「音楽専門家以外の人の書いた音楽家論として、ほとんどあれに匹敵するすばらしいベートーヴェン論」と評価している。それはおそらく昭和初年の執筆当時、田中と交友のあった柳宗悦が唱えていたもう一つの日本近代批判の典型である「民衆芸術」論の一環としての「民楽」論（中見真理『柳宗悦』第十章参照）に含まれていたベートーヴェン観、「ベートーベンは少数の知識階級の友達に過ぎない。一般民衆には遠すぎる」（妻兼子宛柳書簡）というようなベートーヴェン観への反論であったと思われる。

田中は柳とは逆に、ベートーヴェンの音楽と「民衆」との親近性を強調した。素人たる「民衆」の直観的能力がむしろ専門家のベートーヴェン理解の部分性・相対性を超えて、ベートーヴェンの音楽の全体的把握を可能にすると説くのである。ベートーヴェンの音楽は、田中によれば、「理解するや又は理解せざるや其の一つを出でない。其れは宗教に於て信ずるや信ぜざるやの二途を出でず、中間の立場がないことと同様である。」ここにベートーヴェンの音楽が「民衆的」であると田中が主張する所以がある。

「第九」に焦点を置いた田中のベートーヴェン論は、ベートーヴェンの作品に対して細部的な音楽技術的理解ではなく、全部的な「世界観的観察」を試みたものであり、専門家的観点を超えた世界観的観点こそ「民衆的」であるという深い省察がある。

5 学問の客観性と人格
――岡義武先生追悼――

（左の一文は、昨年〔一九九〇年〕一〇月八日岡義武先生の御葬儀に際して先生に捧げた弔辞に当日時間の関係で割愛した部分を補ったものである。）

先生に師事して三〇年、もはや直接にはお答え頂けなくなった先生に対して、ここに最後のお別れの言葉を申し上げます。

学者としての先生は、日本における近代政治史学の文字通りのファウンダーであられました。一九一〇年代から二〇年代にかけて、先師吉野作造博士によって培われた土壌の上に、先生はその長い学問的生涯を通して、日本における近代政治史学の確固たる基礎を築かれたのであります。先生の研究対象は広くヨーロッパと日本とに及びました。先生の著作はヨーロッパ政治史、日本政治史、そして国際政治史のいずれの分野においても、一つの時代が到達した学問の水準を示したのであります。このことは稀有なことであり、また偉大なことであるといわなければなりません。おそらく先生歿後、先生のような学者が再び現れることは、もはやありえないでありましょう。

先生の学問的努力は、ヨーロッパ政治史及び国際政治史においては、大学の講義にほとんどそのすべてを投入することを通して、主として通史を書くことに向けられました。歴史家にとって通史を書くことは最も困難な事業であり、究極の事業であります。先生は早くからそれに取り組まれ、同時代の最高水準の通史を書かれることによって次代の学者に対する先導的役割を果たされました。この事業を通して、先生は研究と教育との結びつきの最良の事例を示されたのであります。

先生の学問の分野の中では最も遅れて着手された日本政治史においては、先生は様々のテーマについてのモノグラフを書くことに多くの努力を傾注されました。「明治初期の自由民権論者の眼に映じたる当時の国際情勢」に始まる近代日本における対外意識についての一連の研究や、英訳され、海外でも読まれている『近代日本の政治家』、『近衛文麿』など諸々の政治家研究はその代表的な成果であります。

もちろん先生は日本政治史においても大学の講義を最も重んじられ、他の誰もが容易には及びえない努力を払われました。しかし結果としては、先生によってこそ完成されるべきであった通史『近代日本政治史』がついに完成にいたらなかったことは、先生ご自身にとってのみならず、我々後進にとって痛恨事でありました。その意味では先生の学問的生涯は偉大な未完成であったといわざるをえないのであります。しかしそのことは、最晩年にいたるまで日々学問の坂を上がることを止められなかった先生にふさわしいことであったとも思われるのであります。

先生は学者としての生活のスタイルにおいては単純さを重んじられ、むしろ一面性に徹せられました。しかし先生は人間の複雑な多面性に対する鋭く豊かな感覚を具えておられました。先生は人性批評家

（モラリスト）の目を持っておられました。そして先生の学問の根底には異質なものに対する関心と寛容とがありました。学問における「客観性」とは、そのようなものでなければならないと考えます。

先生の名作『山県有朋』は、およそ先生とは異質な、おそらくは対極的な価値観を持つ人物に対する深い内面的理解が示されたものでありますが、それは慎み深い歴史の女神クリオに対する先生の敬虔な態度の表れであり、それこそが先生の学問における「客観性」の所以であったことを認識させるのであります。

そのような意味の先生の学問における「客観性」は、実は先生の人格と深く結びついていたと考えます。吉野作造博士は生前ある人に対して、「岡義武君は私心のない人であるから安心して後をまかせることができる」といわれたということをその人が書いています。吉野博士にしてはじめていえる言葉であり、またはじめて重みを持つ言葉であります。

先生は一面では常に価値判断のはっきりした方であられました。そしてそれに基づいて勇気ある言動をとることを躊躇されませんでした。一九四一年一一月一〇日付の『帝国大学新聞』は、太平洋戦争開戦を一ヵ月後にひかえた一一月七日に行われた東大法学部の教授・卒業生・学生の合同懇親会である緑会大会における先生のスピーチの一節を伝えています。当時緑会評議員を務めておられた先生の発意で当日のゲストとして招かれていた尾崎秀実氏がそれに先立って一〇月一五日にゾルゲ事件によって逮捕されたために、先生が尾崎氏に代わって壇上に立たれたのでした。『帝国大学新聞』によれば、先生は同席上学生たちに対して、「私は実社会から暗い印象を受けてゐます。諸君も必ずや程度の差こそあれ同様に暗い印象を受けることでせう。その時先覚者の言は極めて有効に諸君の暗い心を慰めることができると私は信じます」と語られました。『帝国大学新聞』は、先生のスピーチに対する学生たちの反応を、「満場感激して寂として声なく」と伝えています。また敗戦を前にして、先生が東大法学部の七教授の一人として、南原繁、高木八尺、田中耕太郎三教授のイニシアティヴの下で、終戦工作に参加されたことは、よく知られている事実であります。

先生は元来情に厚い方であり、また時に激しい方であられました。しかしそれにもかかわらず、先生は情に溺れることのない方でありました。先生が書かれた数少ないエッセイの中に私が最も深い感銘を受けたものがあります。それは先生が一九三六年から三八年にかけてのヨーロッパ留学を終えて帰国された後、間もなく『緑会雑誌』（一九三八年一二月発行）に書かれた「ロンドンの大学生達」というエッセイであります。その中で先生はロンドンご滞在中親交のあった「反ナチのユダヤ系ドイツ人学生」のことを書かれ、当時先生がその学生に「反ナチのドイツ人の著書を読むか」と聞かれたのに対し、その学生が「余り読まない、といふのは、それらの書物は通常それらなりに一種の偏見に基づいて書かれてゐるからだ」と答え、さらに「自分はその種の書物を読むときは、いつも先づそれの取扱つてゐる題目について自分の考へを予め決めて、それから読む、偏見にわずらはされないために」と述べたことに強い共感を覚えたことを記しておられます。そして先生は「彼はヒットラーとナチスを憎みつゝも、……自己の理性の曇りなき明晰さを断じて守らうとするのである。このやうな若さの中にかくのごとき自ら恃む毅然たるものを見たときに、私は亡命してゐる此の無名の青年の中に輝かしい過去をもつ真のドイツのインテリゲンツィアの一人を見たと思はずにはゐられなかつた。私はそこに如何なる暴力も如何なる威武も犯し得ざる一つの高貴なる人間の魂を見なかつたであらうか」と書かれています。「ヒットラーとナチスを憎みつゝも、……自己の理性の曇りなき明晰さを断じて守らうとする」態度とは、まさに先生その人の学問的生涯を一貫したものであり、それこそが吉野博士のいう「私心のない人」の意味であったと考えます。

先生は学問と人格とが一体となった稀有の事例を自らの人生によって示されました。我々の先生の学問への尊敬は、先生の人格への尊敬と不可分でありました。先生、願わくは我々後進に対し、永久の教えをたまわらんことを。

6　集権と分権

森鷗外の『渋江抽斎』に、弘前藩の江戸詰の医師兼儒者であった抽斎の没後一〇年に当たる明治元年、抽斎の年少の嗣子成善の一家が土着の江戸を離れ、未知の国許弘前へ移り住む場面が描かれている。明治改元に先立って、江戸城が官軍に接収され、徳川慶喜が水戸に退隠するため江戸を離れた当日、渋江一家もまた弘前藩中屋敷を出発し、戦争状態の東北各地を経て、一八〇里の彼方を目指したのである。私は、この「乱世の旅」を叙した鷗外の文章を読み返すたびに、太平洋戦争下の「疎開」の体験を想い起こす。戦火が直接に首都に及んだ戊辰戦争や太平洋戦争においては、首都から地方への大規模な人口移動の逆流が起こったのである。それに伴って、戦時には価値の一極集中が止まり、地方に価値が分散し、文化の多中心化が進んだという実感が強い。少なくとも今日の地方都市の衰滅を見ると、戦時から戦後にかけての地方都市は戦禍を被っていたにもかかわらず、活況を呈しており、今ではそれは夢か幻のように思われる。

しかし戦争による首都の崩壊がもたらした地方の勃興は、一時的であった。内戦が終息し、明治四年に弘前から、東京と改称された新政府の首都に帰還した渋江成善（同年、保と改称）は、同年廃藩置県という現実に直面する。これによって藩権力の自立性は失われ、幕末維新期の束の間の「地方の時代」が終わったのである。

アレクシス・ド・トクヴィルは『アメリカにおける民主制』の中で、フランス革命が反王権を主張すると同時に、旧体制（とくに貴族制）を支えた「地方諸制度」に対する敵対的立場を明らかにし、それによって「自由」と「専制」という二つの相反する傾向を推進したと指摘している。トクヴィルによれば、「革命の憎悪は、旧来のすべてのものに対して、無差別的に向けられた。それは絶対権力に向けられるとともに、絶対権力の厳酷さを抑制しうる諸要素にも向けられた。革命は共和制的であったとともに、権力集中的であったのである。」

以上のフランス革命についてのトクヴィルの指摘は、おそらく明治維新についても当てはまるであろう。明治維新は幕府支配とともに、それに屈従しながらも、対峙してきた諸藩権力をも廃絶することによって、新国家における「自由」の歴史的基礎（貴族制的基礎）を掘り崩したのである。それに代替したのが、トクヴィルのいう「政治的集権」から区別される「行政的集権」であった。トクヴィルは「行政的集権」の上に構築される「民主的共和制」は、ヨーロッパの絶対王政のいかなるものよりも耐えがたい「共和制的専制」であると断じ、それに相当するものを見つけるには、アジアに行かなければならないと書いている。

辻清明は、昭和二二年の地方自治法施行の歴史的意義を論じた名論文「地方自治の近代型と日本型」（『新版日本官僚制の研究』所収）の中で、地方自治における集権と分権とのあるべき関係を求めながら、

J・S・ミルの『代議制統治論』の中の「地方代議機関」を主題とする第一五章で呈示された最も啓発的な命題、「権力は分化するも、知識は集権化せねばならぬ」に導かれて、「権力的分権」と「知識的集権」との「有機的結合」に地方自治の理念を見出した。そしてとくにイギリスにおいて、両者を媒介する契機として、議院内閣制と伝統的な地方秩序維持や行政を担う治安判事制に注目した。日本においても、議院内閣制はそのような役割を担いうることはいうまでもないが、さらに日本においては治安判事制に相当する役割を果たしうる制度として、四年後〔二〇〇九年〕に実施が予定されている裁判員制度が「権力的分権」と「知識的集権」とを「有機的」に「結合」し、将来地方自治の主体をも教育する役割を担うことをひそかに期待している。

7　政治的リアリズムにおける「分裂した魂」

――萩原延寿氏を悼む――

萩原延寿氏の遺著となった本月（二〇〇一年一〇月）二〇日付発行の『遠い崖――アーネスト・サトウ日記抄』の最終巻を著者から贈られて間もなく、著者の訃報を聞いた。一九六七年に萩原氏の最初の著書『馬場辰猪』を贈られてから、三四年の歳月が過ぎた。

萩原氏が遺《のこ》した数々の作品の中で、最も自己評価が高かった作品は、一九六五年に発表された小品『陸奥宗光』（後に『陸奥宗光小論』と改題）であったといわれる。これは少なくとも日本語で発表された同氏の歴史家としての最初の作品であり、しかも「叙して断ぜず」という態度を貫いた萩原氏としては珍しく、輪郭のはっきりした「史論」となっている。そこには萩原氏の生涯にわたる執筆活動を導いたライトモティーフが鮮明に表現されている。

この作品の冒頭には、自由民権運動の有力な思想的リーダーで、明治一八年に政府要人を殺害する目的で爆発物を購入したという嫌疑を受け、身柄を拘留された後、アメリカに亡命した馬場辰猪が彼地で当時の駐米公使陸奥宗光と邂逅《かいこう》する場面が出てくる。陸奥はアメリカでも現地の新聞への投稿等によって反政府活動を続けていた馬場に対して、党派的立場を棄《す》て、国家的立場を取るよう説得するが、萩原氏によれば、かつて西南戦争に際して反政府側に与《くみ》し、四年間の獄中生活を送った後、政府側と結ぶにいたった陸奥は、馬場が体現し、陸奥自身も支持していた「理念」と彼の「権力」の基盤とのディレンマに苛《さいな》まれていた。陸奥は「理念」と「権力」という相互に背反する二つの強力な引力によって「分裂した魂」をもっていたのであり、国内政治・外交の両面を貫く陸奥の政治的リアリズムは「分裂した魂」の統一を求める努力のあらわれであったと萩原氏は理解する。

しかし「理念」と「権力」のディレンマは永久的であり、「分裂した魂」は変転して止《や》まない状況に対応する権力技術によっては統一を回復することはできない。萩原氏は、「分裂した魂」が生み出す政治的リアリズムの悲劇性を認識し、それを歴史研究の最も重要なテーマとしたのである。

萩原氏は成熟した政治人としての陸奥を高く評価しながらも、馬場に愛着した。氏自身の生涯にも、単純で直截《ちょくせつ》な（時としては愚直な）知識人としての馬場の影が見られた。さらにいえば、馬場と陸奥の両方を公平に評価することができた中江兆民の複眼をもって近代日本を俯瞰《ふかん》しようとしたのが歴史家萩原であった。「性厳重」にして一滴の酒をも拒んだ馬場に比すれば、「アルコール中毒」を理由として代議士を辞めた中江は、萩原氏にとっては、より親近感のある人物だったかもしれない。私が敬愛したのは、あえて馬場や中江の生き方を選んだ歴史家萩原であり、また人間萩原であった。

8　国際政治の動因としての価値観
――坂本義和『国際政治と保守思想』をめぐって――

私は本書の主題であるバーク研究やメッテルニヒ研究については、発言する能力はないし、そもそもその資格はない。したがって広い意味での政治学にとっての本書のもつ客観的意味と私が考えるものについて、まず述べたい。

本書は著者の学問的出発点であり、また到達点であると見ることができる。したがってそこには著者の国際政治学の基本的立場が最も鮮明に打ち出されている。それは国際政治を動かす要因として、その主体の価値観を重視している点である。その立場は、本書以外の著者の国際政治分析の中にも貫かれている。本書において取られている国際政治への思想史的接近の方法は、著者の国際政治学の特色を作り出している最も重要な方法である。

本書は「政治」をその最も深い起因としての根底的な価値観の対立・闘争に還元して考察している。本書においては、単なる利益とか、単なる政策とかのレヴェルに止まらない政治の最も深いレヴェルにおける考察がなされている。本書は政治の人間的基礎の深さをあらためて認識させるとともに、著者の意図とは別に、私自身を含めた現代政治学者の「政治」観（支配的・一般的な）に対する批判となっている。

本書が明らかにしているように、革命的状況に置かれた反革命家（バークにしても、またメッテルニヒにしても）が問われるのは、単なる状況への対応としての政策ではなく、全人間を賭けた根底的な価値観である。そこでメッテルニヒなどは、価値観の貧困を露呈せざるをえない。明敏な予測能力はあっても、醒めた自己認識はあっても、革命の価値観に対抗して、これと闘い、現実を動かして行く価値観を持たない政治家の無力さが曝け出される。著者によるメッテルニヒにおける政治的人間の分析は、バークのそれに劣らぬ名品であると思うが、政治家の真価が何において問われるのかという政治における最も基本的な問題にきわめて説得力のある示唆を与える。

さらに本書は、およそ政治の分析は専門領域が国際政治学であると否とを問わず、政治を動かす要因としての価値観に焦点を合わせることによって、一国の範囲を超えざるを得ないことを示唆している。トクヴィルは『旧体制と大革命』の中で政治革命としてのフランス革命の画期性について、それが「宗教革命に酷似した政治革命であった」と述べ、したがって「フランス革命は固有の境域をもたなかった。それどころか革命の結果、地図からいわば古い国境がすべて消し去られてしまった」と書いている。そしてその成果として「あらゆる特殊な国民性を超えて、一つの共通の知的祖国を作り上げた」と指摘している。本書『国際政治と保守思想』は反革命思想の側から、フランス革命における価値観闘争に光りをあて、トクヴィルの指摘するフランス革命の画期性としての政治の国際性・世界性の増大を示唆している。

以上著者の政治学（国際政治学を基軸とする広い意味での）の基本的立場が政治を最も深いところで認識し、その結果として政治を最も広い視野においてとらえていることについて指摘した。少なくとも私自身はこれまでその点で、著者から最も教えられたと思っている。

次に本書の内容に関連する二点について、著者の見解を聞きたい。①フランス革命に対抗するバークの価値観を基礎付けたものは、著者のこの上ない緻密な論証によって明らかなように、イギリスの「伝統的政治体制」であり、その直接の起源が名誉革命にあること、したがってそれは名誉革命の原理によって説明され得るわけだが、同時にバークにはアリストテレス以来の「混合政体論」（君主政・貴族政・民主政の各要素の均衡によって円滑に作動する）が説明の論拠としてあったとはいえないであろうか。いいかえれば、「伝統的政治体制」の「伝統」には、名誉革命以来のイギリスの伝統だけでなく、ヨーロッパが一体として共有するアリストテレス以来の、マキアヴェッリをも含む政治理論の伝統が入っていると考えることはできないか。したがってフランス革命はフランスにおける「混合政体」がその均衡（君主政・貴族政・民主政さらにカトリック教会の間の）を失って崩れたことの結果として、バークにおいては考えられなかったろうか。さらに「軍人独裁」（ナポレオン体制）の出現についての予言がアリストテレスの『政治学』を典拠にしているという指摘は、バークにおける「混合政体論」を認定する一つの理由にはならないか。②バークのフランス革命論の後世への影響についてである。一つはメッテルニヒと同時代人で同じ年（一八五九年）に亡くなったトクヴィルのフランス革命論（先に引用した『旧体制と大革命』）に対するバークのそれの影響である。もちろん両者の内容は異なっている。トクヴィルのそれは、旧体制期の原資料に基づく、どちらかといえばアカデミックな研究の成果であって、周知のように、革命前と革命後との歴史的連続性を強調している。一七八九年以後の社会は既に一七八九年前にその実質は形成されていたと見る。とくに平等化と行政における中央集権は既に一七八九年前に出現していたと述べている。バークにも言及されており、その引用もあるが、内容的にはバークのフランス革命論を念頭に置きながら、それへの反駁・批判になっているようにも思われる。両者の関係をどのように理解したらよいのか。③もう一つは二〇世紀になってロシア革命（ボルシェヴィキ革命）が起きた時、バークの熱烈な信奉者であったアメリカ大統領ウッドロウ・ウィルソンはロシア革命への態度決定に当たって、バークのフランス革命論に強く影響されたといわれている。バークはウィルソンを媒介として、第一次大戦後ウィルソン主義的世界秩序の中に生き残り、さらにウィルソンの弟子であるジョン・フォスター・ダレスを通して、ソ連を封じ込める冷戦イデオロギーの中に生き続けたといえるのであろうか。さらにいえば、フランス革命を阻止することができなかったバークの反革命思想は、ウィルソン主義の中に転生し、ロシア革命体制を粉砕し、二〇世紀の冷戦に勝利することによって、今日蘇ったといえるのであろうか。バークの反革命思想の現在について聞きたい。

9　大山郁夫と藤原保信さん

藤原保信さんとの出会いの媒介となったのは、大山郁夫だった。『大山郁夫著作集』全七巻（岩波書店、一九八七―八八年）が刊行されるに先立って、早稲田大学現代政治経済研究所に大山郁夫研究グループが発足することとなり、学外の私も研究員として参加するようお誘いがあった。それは一九八五年のことだったように思う。藤原さんが岩波書店の編集者とともに、東京大学法学部研究室に私を訪ねて下さり、その折はじめて直接にことばを交わした。

もちろんそれまでに西洋政治思想史家としての藤原さんのご業績やお顔は存じ上げていたが、うかつにもその大山郁夫研究や吉野作造研究には十分注意を払っていなかった。藤原さんの大山研究が早稲田大学の先人に対する儀礼的なものではなく、思想史家としての藤原さんにとって本質的意味をもつものであることを知ったのは、一九八六年に集中的に行われた研究会においてであった。

この研究会には、早稲田大学政治経済学部の四教授（正田健一郎、兼近輝雄、内田満各教授と藤原さん）の他に、学外から松本三之介、高橋彦博両教授と私とが参加した。そしてこれら七人のメンバーが後日刊行された『大山郁夫著作集』全七巻の各巻の編集・解説をそれぞれ担当した。

今はもはやない旧い大隈会館の畳の間で、かなりの頻度で行われた研究会は、毎回夕刻に始まり、夜に入るのが常であったが、全員ほとんど欠席はなく、私自身もすべてに出席したように記憶している。文字通り膝を交えての簡素で実質のある研究会の雰囲気は、二〇年近くの年月を隔てた今も、好ましく感じている。そしてこの研究会の事実上の中心にいたのが藤原さんだった。藤原さんは毎回周到に関係資料を準備され、著作集の刊行計画を着実に整えていかれた。

研究会における藤原さんは、事前に私が予想していたのとは違っていた。私は藤原さんについては、雄弁な「論客」というイメージをもっていた。しかし実際の藤原さんはむしろ寡黙であり、研究会を運営する実務に専念していたという印象が強い。

そのような藤原さんの印象は、藤原さんの学風、少なくとも大山研究そのものの特色とも通じているように感じられる。最近改めて『大山郁夫と大正デモクラシー』を読み直し、その感を一層強くした。藤原さんの大山研究は、徹底してテクスト本位である。それはコンテクストをできる限り切り詰めている。多くの読者にとって、それは息苦しいほどである。それは藤原さんによれば、「理解なき解釈や批評のみが先行する思想史研究」への批判から出た結果である。私はそれを学問的廉直として理解する。

テクスト本位の立場が大山研究以外にも共通するものかどうかについては、私には論断する資格はないが、私の直感からいえば、それは藤原思想史学全体を貫く特色ではないかと思う。藤原さんには自らのテクスト本位の立場をコンテクスト本位の立場から峻別する明確な意志があったのではないかとも思う。

テクスト本位という特色と結びついている藤原さんの思想史学のもう一つの特色は、積極的な道徳的価値判断に基づく政治哲学への志向である。政治哲学を結果することなしには、思想史学は完結しないというのが藤原さんの学問的立場であった。そのような立場は、大山研究においても暗示されており、「当為」の問題が民本主義者としての大山と「科学的社会主義者」としての大山とを一貫するものであったことに、藤原さんは強く共感している。そして藤原さんは大山の政治理論を方向づける「倫理的価値」への志向を、藤原さん自身の思想史学において継承しようとしたのである。そのような藤原さんの学風は、「善」についての価値判断を留保するロールズの『正義論』への批判や、「実質倫理」を否定し、もっぱら「コミュニケーション倫理」に依拠するハーバーマスへの批判にも明確に表れている。

生前の藤原さんは、雰囲気に動かされない存在感をもっていた。それは藤原さんが目指した「存在論」的政治哲学の一つの表現であったかもしれない。それだけに故人の不在感は一層大きい。

あとがき

本書は、著者がこれまでに公表した広い意味の学問論を収めたささやかな小品集である。もちろん著者の学問論は、著者が長い年月にわたって携わってきた著者なりの学問（主として近代日本を対象とする政治史学）に限定されたものであり、決して高い普遍性をもつとはいえないし、また深い根底をもつともいえないであろう。しかしそれにもかかわらず、著者独自の体験から得られた若干の真実を反映しているかも知れないし、そうだとすれば、それなりの特色もあるかも知れない。本書の主要部分は、学問（特に政治を対象とする学問）がそれを囲む現実といかに関わるかを個々の事例に即して明らかにすることを試みた結果である。その場合の「現実」とは何であるかはそれ自体検討を要する大きな問題であり、それについては最後に若干論及することとしたい。

本書の第Ｉ部は、現実に対する学問の働きとそれを促す学問の必要について論じた四つの小品から成る。第一論文は、二〇一二年四月一二日に日本武道館で行われた東京大学大学院入学式における来賓祝辞を骨子としたものであり、ちょうどそれから一四〇年前に上梓された福沢諭吉の画期的な学問論である『学問のすゝめ』の今日的意味に言及しながら、「学問とは何か」についての著者自身の見解を語ったものである。その中で主題としたのは、もちろん「青春期の学問」であるが、さらにその先にある大きな問題は「老年期の学問」である。「老年期の学問」のあり方について、著者は未だ確固とした見解に到達していないが、それは学問論の問題として本質的重要性をもつと考えている。学問論は人生論でもあるからである。その問題に触れた著者の学問論として、「青春期の学問と老年期の学問」という一文（拙著『近代日本の戦争と政治』岩波人文書セレクション版、二〇一〇年所収）がある。

第二論文は、第一論文よりも四〇年以上も前に書かれたものであり、主題とした「職業としての学問」を取り巻く環境は、今日では大きく変化している。この一文を草していた当時の著者は「青春期の学問」に生きていたのであり、そこに描かれているのは、今や消え去ろうとしている古典的大学像である。したがってこの一文にどれだけの今日的意味があるかについて、著者は十分な確信をもつことはできない。しかし当時の著者が執筆に際して、同じ主題を扱った古典的先例として引照したのはマックス・ウェーバーの『職業としての学問』であり、それが学問論としての意味を未だ失っていないことは事実である。著者が強調したかったのは、今に変わらぬ「職業としての学問」の困難であり、またその必要である。

第三論文は、学問論の対象を政治学に限定し、しかもその領域を教育や実務にまで広げて論じたものである。著者がこの論文を書いた背景には、時の政府による司法制度改革の動きとともに浮上してきた法学教育の専門化構想（法科大学院設立構想）に対して、従来法学教育の中に包摂されてきた政治学教育の将来のあり方をいかに考えるべきかという問題の顕在化があった。この問題に対して、本論文はかって同じ問題に遭遇したアメリカの政治学の歴史的先例とそれがその後のアメリカの政治学に及ぼした学問および教育の両面にわたる影響を分析した英国の政治学者バーナード・クリックの若き日の著書『アメリカの政治科学』を参照しながら、政治および政治学の「総合性」という観点から試みた一つの応答である。

第四は、二〇〇二年から二〇〇五年にかけて、著者が関与した日韓歴史共同研究について感想を語ったインタビューの記事である。その発端は、いうまでもなく歴史教科書に表れた日韓両国間の「歴史認識」をめぐる対立にあり、それが国際問題・外交問題に発展したことから、当時の両国首脳の合意によって国際共同研究が発足したのであるが、問題解決のためには国際共同研究に参加する日韓両国の学者がそれぞれの国家の国益や国民感情を代弁することなく、両国のナショナリズムから自由な、学者間の相互尊敬によって成り立つ国際的な「学問共同体」を実現する以外に方法はないというのが著者の結論であった。その結論は今も変わらない。

第Ⅱ部は、学問が政治の現実といかに関わったかを代表的な政治学者らの事例を通して追究した九編の作品から成り、本書の基幹部分である。第一編から第五編まではいずれも丸山眞男論であり、既に第Ⅰ部第三論文において指摘した丸山の政治学の総合性がさまざまの角度から明らかにされている。第一編は丸山の著作および人格との出会いがもたらした個人的体験（「丸山体験」）を通して、丸山の学問と思想および人格との関連を摘示した。第二編は丸山が単なる学者ではなく、思想家である所以はどこにあるかを論じたものである。それは同時に丸山の政治学の総合性を根拠づけるものでもあると考える。

第三編の「書評『丸山眞男回顧談』」で指摘した「四六年の論文『超国家主義の論理と心理』を生み出す過程の内面的葛藤」は、第四編の第一主題につながる。著者は丸山の「戦後民主主義」概念が旧体制イデオロギーの主軸であった「重臣イデオロギー」(もしくは「重臣リベラリズム」)に対する批判を否定的媒介として形成されたものであり、「超国家主義の論理と心理」に表現された旧体制イデオロギー批判は単に「超国家主義」のような例外的イデオロギーを対象としたものではなく、むしろ「超国家主義」を発現させた正統的な体制イデオロギーを標的としたものであったと考える。しかも戦前・戦中の丸山は少なくとも体制穏健派のイデオロギーである「重臣リベラリズム」に対しては、必ずしも対立的であったとはいえない。だからこそ丸山にとっては、「超国家主義の論理と心理」にいたる過程が自ら指摘しているように「転向」の過程であったのである。

第五編は、丸山の政治学が現実と深く関わりながら、しかも高度の学問的客観性を確立しえた所以を丸山が対峙した一九五〇年代の状況について検証することを試みたものである。丸山の政治学は「事実としての存在拘束性」を自覚し、場合によっては政治的党派性を回避せず、政治的目的意識を貫きながら、しかも「理念としての客観性」を追求することを要請される政治学に固有の困難の厳しさを教える。

第六編は、第一次世界戦争期および戦後期の政治に最も積極的に関わった二人の政治学者、吉野作造と大山郁夫とを取り上げ、両者の共通性と異質性とを素描したものである。両者が新しいタイプの政治学者として台頭した背景には、同時代のアメリカに登場したウッドロウ・ウィルソンやチャールズ・メリアムのような「学者政治家」の登場があったと考えられる。現に吉野はウィルソンとその政治思想に強く影響されたし、大山はシカゴ大学において直接メリアムに師事し、その政治学者としての生き方に深く共感した。その意味では、吉野・大山は日本の政治学におけるアメリカニゼーションの顕著な事例として見るべきかも知れない。

吉野・大山の影響を受けて、独自の政治学の道を模索したのが蠟山政道であった。第七編は、吉野・大山とは異なった方向から政治の現実に接近し、それに深く関わりながら、政治学の学問的自立性（他の諸学問および他国の政治学からの自立性）の根拠を求めて苦闘し、挫折した先学の学問的生涯を追跡している。

第八編は、一九六九年七月一四日から一八日まで五日間河口湖畔で開催された日米両国の研究者による「日米関係史 一九三一—四一年」国際共同研究会議のために寄稿したペーパーに加筆したものである。この論文は、かつて拙著『大正デモクラシー論』（中央公論社、一九七四年）に収めたが、『新版 大正デモクラシー論』（東京大学出版会、一九九五年）を刊行する際に、内容の統一を図るために除いたものである。今回本書を編むに当たって、『新版 大正デモクラシー論』の場合とは逆に、本論文は内容的に本書にふさわしいと判断し、改めて本書に収めることとした次第である。満州事変から太平洋戦争勃発にいたる一〇年間の国際的現実の変動に対して、同時代の日本の知識人たちがいかに対応したかを概観するためには、最初の公刊から四〇年以上を経た今日も本論文は多少の意味があるかも知れない。なお現在『日米関係史 開戦に至る十年（一九三一—四一年）』全四巻（東京大学出版会、新装版、二〇〇〇年）中の第四巻に収められている論文は加筆前のペーパーの原形に近いものである。

第九編は、蠟山政道と同世代の英国の政治学者ハロルド・ラスキのマキアヴェッリ論を導入部として、マキアヴェッリにおける現実と政治的理念（政治的価値観）との相剋の問題を取り上げ、そのような相剋が作り出す革命的状況への戦略的対応としてマキアヴェッリの政治理論を意味づけた。そしてその中から「革命期のリーダーの原型」である「予言者」と「君主」が作り出されたと結論した。マキアヴェッリは学者ではなかったから、重要であったのは学問的客観性（真理価値）ではなく、現実と政治的目的価値とであり、したがって現実を動かす要因として価値判断が大きな比重をもったのである。

第Ⅲ部は九編の小品から成る。共通しているのは、学問における価値観の重要性を強調している点であろう。学問が現実と関わる際に、学問を現実に媒介するのは学問を支える価値観であり、また価値観に基づく価値判断である。学問的客観性だけでは現実は動かない。しかも価値観と結びついていない、単なる学問的客観性はありえない。そして価値観に生命力を吹き込むのは具体的な価値判断であり、その主体である人格である。それが学問の主体に他ならない。九編の小品は、個々の学者についてそれぞれの価値観を問いながら、学問の主体とは何かを明らかにしようと試みている。

最後に学問が関わる「現実」とは何かについて述べたい。第一に強調したいのは、「現在」と「現実」とを混同しないことである。「現在」とは現に目に見える現象であり、永続的なものではない。太平洋戦争のさなかにあって、「現実」についてすぐれた哲学的考察を行った田中美知太郎は「現在」と誤認された「現実」の概念を批判し、「現在は現在においてしか当にならないのである。それをいつまでも当にしようとすれば、われわれは忽ち自分の当にしていたものによって欺かれなければならない。現象は仮象となってしまう」と述べ、「現実の超越性」を指摘している（田中美知太郎「現実」『思想』一九四二年一一月、『田中美知太郎全集』1、筑摩書房、一九六八年、三〇頁）。「アテナイ人が頼みにした現有の海軍勢力は、その後間もなくシケリア遠征によって失われてしまったのである。現にあるものを頼む方が、今にあるかも知れないものを頼むより確実であるとは、必ずしも言えないように思われる」（同上、二九頁）という記述などからは、公式には報道されなかった同年のミッドウェー海戦における日本の連合艦隊の潰滅的敗北を念頭に置く時、「現実の超越性」のいかに恐るべきかを知るのである。

田中はこの「現実」を考察した論文を次のように結んでいる。「われわれは現にあるものだけを頼みにするのが現実的だと考えて来たのであるが、しかし現在への執着はもはや現実的ではないであろう。現実はそのような執着を越えて行くものである。従ってまたわれわれが頼むべきものも何か現在を越えたものでなければならない。それは実は永遠なるものなのである」（同上、三〇―三一頁）。ここにおいて、著者は「理性的なもの（Was vernünftig ist）は現実的（wirklich）であり、そして現実的なもの（was wirklich ist）は理性的（vernünftig）である」というヘーゲルの『法の哲学』序言における命題の真実に改めて思い至るのである。ヘーゲルにとって「理性的なもの」とは「理念」と同義であり、すなわち田中のいう「永遠なるもの」に他ならないのである（Friedrich Meinecke, *Die Idee der Staatsräson in der neueren Geschichte*, R. Oldenbourg Verlag, München 1960, SS. 409–410, マイネッケ、菊盛英夫・生松敬三訳『近代史における国家理性の理念』みすず書房、一九七六年、四七四―四七五頁参照）。

「現実」と「現在」とを混同することは、少なくとも本来多次元的な構造をもつ「現実」の認識を一次元的なものに止め、「現実の超越性」を含むさまざまな現実の可能性を予め視野から除外することを意味する。丸山眞男は「『現実』主義の陥穽」(『世界』一九五二年五月、『丸山眞男集』第五巻、岩波書店、一九九五年)においてこの点を「日本人の『現実』観」の特徴の一つとして指摘し、「社会的現実はきわめて錯雑し矛盾したさまざまの動向によって立体的に構成されていますが、そうした現実の多元的構造は……たいてい簡単に無視されて、現実の一つの側面だけが強調されるのです」(一九六頁)と述べている。

以上のような「現在」本位の「現実」観が「現在」を支配している権力の正当化(場合によっては崇拝)の表れである場合が少なくないことについて、丸山は次のように指摘している。「すなわち、その時々の支配権力が選択する方向が、すぐれて『現実的』と考えられ、これに対する反対派の選択する方向は容易に『観念的』『非現実的』というレッテルを貼られがちだということです。……実際問題としても支配者の選択が他の動向を圧倒して唯一の『現実』にまで自らを高めうる可能性が大きいといわねばなりません」(同上、一九七―一九八頁)。

また英国の作家ジョージ・オーウェルは、一九四六年に公表された「ジェームズ・バーナムと管理革命」(『オーウェル評論集』2、平凡社ライブラリー、二〇〇九年)において、アメリカの政治評論家ジェームズ・バーナムが唱えた「管理主義体制」の世界的制覇論(世界的「管理革命」論)に含まれる国際政治についての「現実主義」(ある時は「管理主義」を推進するナチス・ドイツの勝利を予言し、ドイツの敗北が明らかになると、同じく「管理主義」を推進するスターリン体制下のソ連の勝利を予言する無道徳的な「現実主義」)を批判し、「現実主義」に基づくバーナムの予言は、「現に起こっている事態の継続」の「予言」に過ぎず、それは「大きな精神の病」の表れであり、その一部は「権力崇拝」に根ざしていると指摘している。そしてオーウェルによれば、ヒトラー礼賛やスターリン礼賛を抑制するのに大きな知的努力は必要とせず、必要なのはある程度の道徳的努力であり、バーナムのようなすぐれた知的能力を有する人間が一時的にせよ、ナチス・ドイツを称賛し、その持続的発展を予見したのは、『現実主義』と称されているものの培養によって現実感覚がどれほど損なわれているかを物語っている」(同上、二五八頁)と結論している。ちなみにこの時点でオーウェルは「ロシアの体制はそれ自身を民主化するか、破滅するかのいずれかである」(同上、二五七頁)と予言している。

以上に見たように、「現在」に還元されない「現実」の多次元的構造を認識し、「現在」の永続を信ずる「権力崇拝」によって曇らされない状況判断能力を保つことは学問の任務であり、また学問は現実と関わりながら、その任務に耐えられるようなものにならなければならない。その意味で学問は不可避的に現実に関わり、その試練を受けることを求められるのである。

本書の出版に当たっては、今回も東京大学出版会編集部の奥田修一氏に負うところが大きかった。そもそも本書のアイディアを出したのは、本書の第Ⅱ部第四編として収められた論文の原形である講演を直接に聴いた同氏であった。同氏の尽力に深い謝意を表する。

二〇一三年一月一六日

三谷 太一郎

初出一覧

I

1　東京大学『学内広報』No. 1424（二〇一二年四月二三日）所収（平成二四年度東京大学大学院入学式祝辞）
2　『緑会雑誌』復刊第五号（一九六五年三月）所収（原題「Xへの手紙——『職業としての学問』について」）
3　『日本学術会議五〇周年記念シンポジウム「大学院における政治学教育——二一世紀に向けて」』（日本学術会議政治学研究連絡委員会、一九九九年）所収
4　『論座』二〇〇七年九月号所収

II

1　「みすず」編集部編『丸山眞男の世界』（みすず書房、一九九七年）所収
2　『思想』第八八八号（一九九八年六月）所収
3　『日本経済新聞』二〇〇六年一二月一〇日所収
4　第一三回丸山眞男文庫記念講演会講演（二〇一一年一一月一〇日）に基づく書き下ろし
5　『丸山眞男手帖』第三八号（二〇〇六年七月）所収
6　『毎日新聞』一九九九年六月七日夕刊所収（原題「時代と生きた『学者政論家』」）
7　『成蹊法学』第四九号（一九九九年三月）所収（原題「日本の政治学のアイデンティティを求めて——蠟山政

治学に見る第一次世界戦争後の日本の政治学とその変容」）
8　三谷太一郎『大正デモクラシー論』（中央公論社、一九七四年）所収
9　『マキァヴェッリ全集』補巻月報（筑摩書房、二〇〇二年三月）所収（原題「革命期のリーダーの原型――マキァヴェッリの『予言者』と『君主』」）

Ⅲ
1　東京大学『学内広報』No. 947（一九九三年三月二二日）所収（原題「学外と学内」）
2　『中央評論』第二五三号（二〇〇五年一〇月）所収（原題「中央大学の政治学の二つの原点」）
3　南原繁研究会編『初心を忘れたか――南原繁と戦後六〇年』（to be 出版、二〇〇六年）所収
4　『ミネルヴァ通信「究」』二〇一二年七月号所収
5　『みすず』第三五九号（一九九一年二月）所収（原題「学問の客観性と人格――岡義武先生への弔辞」）
6　『都市問題』第九六巻第一〇号（二〇〇五年一〇月）所収
7　『毎日新聞』二〇〇一年一〇月三一日夕刊所収（原題「『分裂した魂』生涯のテーマに――萩原延寿氏を悼む」）
8　成蹊大学政治学研究会報告（二〇〇四年一二月四日）に基づく書き下ろし
9　『藤原保信著作集』付録、No. 3（新評論、二〇〇五年七月）所収（原題「大山郁夫と藤原さん」）

著者略歴
1936年　岡山市に生まれる．
1960年　東京大学法学部卒業．
現　在　日本学士院会員，東京大学名誉教授．

主要著書
『二つの戦後』（筑摩書房，1988年）
『新版　大正デモクラシー論』（東京大学出版会，1995年）
『増補　日本政党政治の形成』（東京大学出版会，1995年）
『近代日本の戦争と政治』（岩波書店，1997年）
『政治制度としての陪審制』（東京大学出版会，2001年）
『ウォール・ストリートと極東』（東京大学出版会，2009年）

学問は現実にいかに関わるか

2013年2月15日　初　版

［検印廃止］

著　者　三谷《みたに》　太一郎《たいちろう》

発行所　一般財団法人　東京大学出版会

代表者　渡辺　浩

113-8654　東京都文京区本郷7-3-1　東大構内
http://www.utp.or.jp/
電話　03-3811-8814　Fax　03-3812-6958
振替　00160-6-59964

印刷所　株式会社理想社
製本所　矢嶋製本株式会社

ISBN 978-4-13-003336-7　Printed in Japan